INDONESIAN
VOCABULARY

FOR ENGLISH SPEAKERS

ENGLISH-
INDONESIAN

The most useful words
To expand your lexicon and sharpen
your language skills

5000 words

Indonesian vocabulary for English speakers - 5000 words

By Andrey Taranov

T&P Books vocabularies are intended for helping you learn, memorize and review foreign words. The dictionary is divided into themes, covering all major spheres of everyday activities, business, science, culture, etc.

The process of learning words using T&P Books' theme-based dictionaries gives you the following advantages:

- Correctly grouped source information predetermines success at subsequent stages of word memorization
- Availability of words derived from the same root allowing memorization of word units (rather than separate words)
- Small units of words facilitate the process of establishing associative links needed for consolidation of vocabulary
- Level of language knowledge can be estimated by the number of learned words

Copyright © 2016 T&P Books Publishing

All rights reserved. No part of this book may be reproduced or utilized in any form or by any means, electronic or mechanical, including photocopying, recording or by information storage and retrieval system, without permission in writing from the publishers.

T&P Books Publishing
www.tpbooks.com

ISBN: 978-1-78616-482-7

This book is also available in E-book formats.
Please visit www.tpbooks.com or the major online bookstores.

INDONESIAN VOCABULARY
for English speakers

T&P Books vocabularies are intended to help you learn, memorize, and review foreign words. The vocabulary contains over 5000 commonly used words arranged thematically.

- Vocabulary contains the most commonly used words
- Recommended as an addition to any language course
- Meets the needs of beginners and advanced learners of foreign languages
- Convenient for daily use, revision sessions, and self-testing activities
- Allows you to assess your vocabulary

Special features of the vocabulary

- Words are organized according to their meaning, not alphabetically
- Words are presented in three columns to facilitate the reviewing and self-testing processes
- Words in groups are divided into small blocks to facilitate the learning process
- The vocabulary offers a convenient and simple transcription of each foreign word

The vocabulary has 155 topics including:

Basic Concepts, Numbers, Colors, Months, Seasons, Units of Measurement, Clothing & Accessories, Food & Nutrition, Restaurant, Family Members, Relatives, Character, Feelings, Emotions, Diseases, City, Town, Sightseeing, Shopping, Money, House, Home, Office, Working in the Office, Import & Export, Marketing, Job Search, Sports, Education, Computer, Internet, Tools, Nature, Countries, Nationalities and more ...

T&P BOOKS' THEME-BASED DICTIONARIES

The Correct System for Memorizing Foreign Words

Acquiring vocabulary is one of the most important elements of learning a foreign language, because words allow us to express our thoughts, ask questions, and provide answers. An inadequate vocabulary can impede communication with a foreigner and make it difficult to understand a book or movie well.

The pace of activity in all spheres of modern life, including the learning of modern languages, has increased. Today, we need to memorize large amounts of information (grammar rules, foreign words, etc.) within a short period. However, this does not need to be difficult. All you need to do is to choose the right training materials, learn a few special techniques, and develop your individual training system.

Having a system is critical to the process of language learning. Many people fail to succeed in this regard; they cannot master a foreign language because they fail to follow a system comprised of selecting materials, organizing lessons, arranging new words to be learned, and so on. The lack of a system causes confusion and eventually, lowers self-confidence.

T&P Books' theme-based dictionaries can be included in the list of elements needed for creating an effective system for learning foreign words. These dictionaries were specially developed for learning purposes and are meant to help students effectively memorize words and expand their vocabulary.

Generally speaking, the process of learning words consists of three main elements:

- Reception (creation or acquisition) of a training material, such as a word list
- Work aimed at memorizing new words
- Work aimed at reviewing the learned words, such as self-testing

All three elements are equally important since they determine the quality of work and the final result. All three processes require certain skills and a well-thought-out approach.

New words are often encountered quite randomly when learning a foreign language and it may be difficult to include them all in a unified list. As a result, these words remain written on scraps of paper, in book margins, textbooks, and so on. In order to systematize such words, we have to create and continually update a "book of new words." A paper notebook, a netbook, or a tablet PC can be used for these purposes.

This "book of new words" will be your personal, unique list of words. However, it will only contain the words that you came across during the learning process. For example, you might have written down the words "Sunday," "Tuesday," and "Friday." However, there are additional words for days of the week, for example, "Saturday," that are missing, and your list of words would be incomplete. Using a theme dictionary, in addition to the "book of new words," is a reasonable solution to this problem.

The theme-based dictionary may serve as the basis for expanding your vocabulary.

It will be your big "book of new words" containing the most frequently used words of a foreign language already included. There are quite a few theme-based dictionaries available, and you should ensure that you make the right choice in order to get the maximum benefit from your purchase.

Therefore, we suggest using theme-based dictionaries from T&P Books Publishing as an aid to learning foreign words. Our books are specially developed for effective use in the sphere of vocabulary systematization, expansion and review.

Theme-based dictionaries are not a magical solution to learning new words. However, they can serve as your main database to aid foreign-language acquisition. Apart from theme dictionaries, you can have copybooks for writing down new words, flash cards, glossaries for various texts, as well as other resources; however, a good theme dictionary will always remain your primary collection of words.

T&P Books' theme-based dictionaries are specialty books that contain the most frequently used words in a language.

The main characteristic of such dictionaries is the division of words into themes. For example, the *City* theme contains the words "street," "crossroads," "square," "fountain," and so on. The *Talking* theme might contain words like "to talk," "to ask," "question," and "answer".

All the words in a theme are divided into smaller units, each comprising 3–5 words. Such an arrangement improves the perception of words and makes the learning process less tiresome. Each unit contains a selection of words with similar meanings or identical roots. This allows you to learn words in small groups and establish other associative links that have a positive effect on memorization.

The words on each page are placed in three columns: a word in your native language, its translation, and its transcription. Such positioning allows for the use of techniques for effective memorization. After closing the translation column, you can flip through and review foreign words, and vice versa. "This is an easy and convenient method of review – one that we recommend you do often."

Our theme-based dictionaries contain transcriptions for all the foreign words. Unfortunately, none of the existing transcriptions are able to convey the exact nuances of foreign pronunciation. That is why we recommend using the transcriptions only as a supplementary learning aid. Correct pronunciation can only be acquired with the help of sound. Therefore our collection includes audio theme-based dictionaries.

The process of learning words using T&P Books' theme-based dictionaries gives you the following advantages:

- You have correctly grouped source information, which predetermines your success at subsequent stages of word memorization
- Availability of words derived from the same root (lazy, lazily, lazybones), allowing you to memorize word units instead of separate words
- Small units of words facilitate the process of establishing associative links needed for consolidation of vocabulary
- You can estimate the number of learned words and hence your level of language knowledge
- The dictionary allows for the creation of an effective and high-quality revision process
- You can revise certain themes several times, modifying the revision methods and techniques
- Audio versions of the dictionaries help you to work out the pronunciation of words and develop your skills of auditory word perception

The T&P Books' theme-based dictionaries are offered in several variants differing in the number of words: 1.500, 3.000, 5.000, 7.000, and 9.000 words. There are also dictionaries containing 15,000 words for some language combinations. Your choice of dictionary will depend on your knowledge level and goals.

We sincerely believe that our dictionaries will become your trusty assistant in learning foreign languages and will allow you to easily acquire the necessary vocabulary.

TABLE OF CONTENTS

T&P Books' Theme-Based Dictionaries	4
Pronunciation guide	13
Abbreviations	14

BASIC CONCEPTS	15
Basic concepts. Part 1	15
1. Pronouns	15
2. Greetings. Salutations. Farewells	15
3. How to address	16
4. Cardinal numbers. Part 1	16
5. Cardinal numbers. Part 2	17
6. Ordinal numbers	18
7. Numbers. Fractions	18
8. Numbers. Basic operations	18
9. Numbers. Miscellaneous	19
10. The most important verbs. Part 1	19
11. The most important verbs. Part 2	20
12. The most important verbs. Part 3	21
13. The most important verbs. Part 4	22
14. Colors	23
15. Questions	24
16. Prepositions	25
17. Function words. Adverbs. Part 1	25
18. Function words. Adverbs. Part 2	27

Basic concepts. Part 2	29
19. Weekdays	29
20. Hours. Day and night	29
21. Months. Seasons	30
22. Units of measurement	32
23. Containers	33

HUMAN BEING	35
Human being. The body	35
24. Head	35
25. Human body	36

Clothing & Accessories 38

26. Outerwear. Coats 38
27. Men's & women's clothing 38
28. Clothing. Underwear 39
29. Headwear 39
30. Footwear 39
31. Personal accessories 40
32. Clothing. Miscellaneous 41
33. Personal care. Cosmetics 41
34. Watches. Clocks 42

Food. Nutricion 44

35. Food 44
36. Drinks 46
37. Vegetables 47
38. Fruits. Nuts 47
39. Bread. Candy 48
40. Cooked dishes 49
41. Spices 50
42. Meals 50
43. Table setting 51
44. Restaurant 51

Family, relatives and friends 53

45. Personal information. Forms 53
46. Family members. Relatives 53

Medicine 55

47. Diseases 55
48. Symptoms. Treatments. Part 1 56
49. Symptoms. Treatments. Part 2 57
50. Symptoms. Treatments. Part 3 58
51. Doctors 59
52. Medicine. Drugs. Accessories 59

HUMAN HABITAT 61
City 61

53. City. Life in the city 61
54. Urban institutions 62
55. Signs 64
56. Urban transportation 65

57.	Sightseeing	66
58.	Shopping	66
59.	Money	67
60.	Post. Postal service	68

Dwelling. House. Home 70

61.	House. Electricity	70
62.	Villa. Mansion	70
63.	Apartment	71
64.	Furniture. Interior	71
65.	Bedding	72
66.	Kitchen	72
67.	Bathroom	73
68.	Household appliances	74

HUMAN ACTIVITIES 76
Job. Business. Part 1 76

69.	Office. Working in the office	76
70.	Business processes. Part 1	77
71.	Business processes. Part 2	78
72.	Production. Works	79
73.	Contract. Agreement	81
74.	Import & Export	81
75.	Finances	82
76.	Marketing	83
77.	Advertising	83
78.	Banking	84
79.	Telephone. Phone conversation	85
80.	Cell phone	85
81.	Stationery	86
82.	Kinds of business	86

Job. Business. Part 2 89

83.	Show. Exhibition	89
84.	Science. Research. Scientists	90

Professions and occupations 92

85.	Job search. Dismissal	92
86.	Business people	92
87.	Service professions	94
88.	Military professions and ranks	94
89.	Officials. Priests	95

90.	Agricultural professions	96
91.	Art professions	96
92.	Various professions	97
93.	Occupations. Social status	98

Education 100

94.	School	100
95.	College. University	101
96.	Sciences. Disciplines	102
97.	Writing system. Orthography	102
98.	Foreign languages	104

Rest. Entertainment. Travel 106

99.	Trip. Travel	106
100.	Hotel	107

TECHNICAL EQUIPMENT. TRANSPORTATION 108
Technical equipment 108

101.	Computer	108
102.	Internet. E-mail	109
103.	Electricity	110
104.	Tools	111

Transportation 114

105.	Airplane	114
106.	Train	115
107.	Ship	116
108.	Airport	117

Life events 119

109.	Holidays. Event	119
110.	Funerals. Burial	120
111.	War. Soldiers	121
112.	War. Military actions. Part 1	122
113.	War. Military actions. Part 2	123
114.	Weapons	125
115.	Ancient people	126
116.	Middle Ages	127
117.	Leader. Chief. Authorities	129
118.	Breaking the law. Criminals. Part 1	129
119.	Breaking the law. Criminals. Part 2	131

120.	Police. Law. Part 1	132
121.	Police. Law. Part 2	133

NATURE
The Earth. Part 1

135
135

122.	Outer space	135
123.	The Earth	136
124.	Cardinal directions	137
125.	Sea. Ocean	137
126.	Seas' and Oceans' names	138
127.	Mountains	139
128.	Mountains names	140
129.	Rivers	141
130.	Rivers' names	141
131.	Forest	142
132.	Natural resources	143

The Earth. Part 2

145

133.	Weather	145
134.	Severe weather. Natural disasters	146

Fauna

147

135.	Mammals. Predators	147
136.	Wild animals	147
137.	Domestic animals	149
138.	Birds	150
139.	Fish. Marine animals	151
140.	Amphibians. Reptiles	152
141.	Insects	152

Flora

154

142.	Trees	154
143.	Shrubs	155
144.	Fruits. Berries	155
145.	Flowers. Plants	156
146.	Cereals, grains	157

COUNTRIES. NATIONALITIES

159

147.	Western Europe	159
148.	Central and Eastern Europe	159
149.	Former USSR countries	160

150.	Asia	160
151.	North America	161
152.	Central and South America	161
153.	Africa	162
154.	Australia. Oceania	162
155.	Cities	162

PRONUNCIATION GUIDE

Letter	Indonesian example	T&P phonetic alphabet	English example
Aa	zaman	[a]	shorter than in ask
Bb	besar	[b]	baby, book
Cc	kecil, cepat	[tʃ]	church, French
Dd	dugaan	[d]	day, doctor
Ee	segera, mencium	[e], [ə]	medal, elm
Ff	berfungsi	[f]	face, food
Gg	juga, lagi	[g]	game, gold
Hh	hanya, bahwa	[h]	home, have
Ii	izin, sebagai ganti	[i], [j]	Peter, yard
Jj	setuju, ijin	[dʒ]	jeans, gin
Kk	kemudian, tidak	[k], [ʔ]	kiss, glottal stop
Ll	dilarang	[l]	lace, people
Mm	melihat	[m]	magic, milk
Nn	berenang	[n], [ŋ]	name, ring
Oo	toko roti	[oː]	fall, bomb
Pp	peribahasa	[p]	pencil, private
Qq	Aquarius	[k]	clock, kiss
Rr	ratu, riang	[r]	trilled [r]
Ss	sendok, syarat	[s], [ʃ]	city, machine
Tt	tamu, adat	[t]	tourist, trip
Uu	ambulans	[u]	book
Vv	renovasi	[v]	very, river
Ww	pariwisata	[w]	vase, winter
Xx	boxer	[ks]	box, taxi
Yy	banyak, syarat	[j]	yes, New York
Zz	zamrud	[z]	zebra, please

Combinations of letters

aa	maaf	[aʔa]	a+glottal stop
kh	khawatir	[h]	home, have
th	Gereja Lutheran	[t]	tourist, trip
-k	tidak	[ʔ]	glottal stop

ABBREVIATIONS
used in the vocabulary

English abbreviations

ab.	-	about
adj	-	adjective
adv	-	adverb
anim.	-	animate
as adj	-	attributive noun used as adjective
e.g.	-	for example
etc.	-	et cetera
fam.	-	familiar
fem.	-	feminine
form.	-	formal
inanim.	-	inanimate
masc.	-	masculine
math	-	mathematics
mil.	-	military
n	-	noun
pl	-	plural
pron.	-	pronoun
sb	-	somebody
sing.	-	singular
sth	-	something
v aux	-	auxiliary verb
vi	-	intransitive verb
vi, vt	-	intransitive, transitive verb
vt	-	transitive verb

BASIC CONCEPTS

Basic concepts. Part 1

1. Pronouns

I, me	saya, aku	[saja], [aku]
you	engkau, kamu	[eŋkau], [kamu]
he, she, it	beliau, dia, ia	[beliau], [dia], [ia]
we	kami, kita	[kami], [kita]
you (to a group)	kalian	[kalian]
you (polite, sing.)	Anda	[anda]
you (polite, pl)	Anda sekalian	[anda sekalian]
they	mereka	[mereka]

2. Greetings. Salutations. Farewells

Hello! (fam.)	**Halo!**	[halo!]
Hello! (form.)	**Halo!**	[halo!]
Good morning!	**Selamat pagi!**	[slamat pagi!]
Good afternoon!	**Selamat siang!**	[slamat siaŋ!]
Good evening!	**Selamat sore!**	[slamat sore!]
to say hello	menyapa	[mənjapa]
Hi! (hello)	**Hai!**	[hey!]
greeting (n)	**sambutan, salam**	[sambutan], [salam]
to greet (vt)	**menyambut**	[mənjambut]
How are you?	**Apa kabar?**	[apa kabar?]
What's new?	**Apa yang baru?**	[apa yaŋ baru?]
Goodbye! (form.)	**Selamat tinggal!** **Selamat jalan!**	[slamat tiŋgal!], [slamat dʒˈalan!]
Bye! (fam.)	**Dadah!**	[dadah!]
See you soon!	**Sampai bertemu lagi!**	[sampaj bərtemu lagi!]
Farewell! (to a friend)	**Sampai jumpa!**	[sampaj dʒˈumpa!]
Farewell! (form.)	**Selamat tinggal!**	[slamat tiŋgal!]
to say goodbye	berpamitan	[bərpamitan]
So long!	**Sampai nanti!**	[sampaj nanti!]
Thank you!	**Terima kasih!**	[tərima kasih!]
Thank you very much!	**Terima kasih banyak!**	[tərima kasih banjaʔ!]
You're welcome	**Kembali! Sama-sama!**	[kembali!], [sama-sama!]

| Don't mention it! | **Kembali!** | [kembali!] |
| It was nothing | **Kembali!** | [kembali!] |

| Excuse me! (apology) | **Maaf, ...** | [ma'af, ...] |
| to excuse (forgive) | **memaafkan** | [mema'afkan] |

to apologize (vi)	**meminta maaf**	[meminta ma'af]
My apologies	**Maafkan saya**	[ma'afkan saja]
I'm sorry!	**Maaf!**	[ma'af!]
to forgive (vt)	**memaafkan**	[mema'afkan]
It's okay! (that's all right)	**Tidak apa-apa!**	[tida' apa-apa!]
please (adv)	**tolong**	[toloŋ]

Don't forget!	**Jangan lupa!**	[dʒʲaŋan lupa!]
Certainly!	**Tentu!**	[tentu!]
Of course not!	**Tentu tidak!**	[tentu tida'!]
Okay! (I agree)	**Baiklah! Baik!**	[bajklah!], [baj'!]
That's enough!	**Cukuplah!**	[tʃukuplah!]

3. How to address

Excuse me, ...	**Maaf, ...**	[ma'af, ...]
mister, sir	**tuan**	[tuan]
ma'am	**nyonya**	[neɲa]
miss	**nona**	[nona]
young man	**nak**	[na']
young man (little boy, kid)	**nak, bocah**	[nak], [botʃah]
miss (little girl)	**nak**	[na']

4. Cardinal numbers. Part 1

0 zero	**nol**	[nol]
1 one	**satu**	[satu]
2 two	**dua**	[dua]
3 three	**tiga**	[tiga]
4 four	**empat**	[empat]

5 five	**lima**	[lima]
6 six	**enam**	[enam]
7 seven	**tujuh**	[tudʒʲuh]
8 eight	**delapan**	[delapan]
9 nine	**sembilan**	[sembilan]

10 ten	**sepuluh**	[sepuluh]
11 eleven	**sebelas**	[sebelas]
12 twelve	**dua belas**	[dua belas]
13 thirteen	**tiga belas**	[tiga belas]
14 fourteen	**empat belas**	[empat belas]

15 fifteen	**lima belas**	[lima belas]
16 sixteen	**enam belas**	[enam belas]
17 seventeen	**tujuh belas**	[tudʒʲuh belas]
18 eighteen	**delapan belas**	[delapan belas]
19 nineteen	**sembilan belas**	[sembilan belas]
20 twenty	**dua puluh**	[dua puluh]
21 twenty-one	**dua puluh satu**	[dua puluh satu]
22 twenty-two	**dua puluh dua**	[dua puluh dua]
23 twenty-three	**dua puluh tiga**	[dua puluh tiga]
30 thirty	**tiga puluh**	[tiga puluh]
31 thirty-one	**tiga puluh satu**	[tiga puluh satu]
32 thirty-two	**tiga puluh dua**	[tiga puluh dua]
33 thirty-three	**tiga puluh tiga**	[tiga puluh tiga]
40 forty	**empat puluh**	[empat puluh]
41 forty-one	**empat puluh satu**	[empat puluh satu]
42 forty-two	**empat puluh dua**	[empat puluh dua]
43 forty-three	**empat puluh tiga**	[empat puluh tiga]
50 fifty	**lima puluh**	[lima puluh]
51 fifty-one	**lima puluh satu**	[lima puluh satu]
52 fifty-two	**lima puluh dua**	[lima puluh dua]
53 fifty-three	**lima puluh tiga**	[lima puluh tiga]
60 sixty	**enam puluh**	[enam puluh]
61 sixty-one	**enam puluh satu**	[enam puluh satu]
62 sixty-two	**enam puluh dua**	[enam puluh dua]
63 sixty-three	**enam puluh tiga**	[enam puluh tiga]
70 seventy	**tujuh puluh**	[tudʒʲuh puluh]
71 seventy-one	**tujuh puluh satu**	[tudʒʲuh puluh satu]
72 seventy-two	**tujuh puluh dua**	[tudʒʲuh puluh dua]
73 seventy-three	**tujuh puluh tiga**	[tudʒʲuh puluh tiga]
80 eighty	**delapan puluh**	[delapan puluh]
81 eighty-one	**delapan puluh satu**	[delapan puluh satu]
82 eighty-two	**delapan puluh dua**	[delapan puluh dua]
83 eighty-three	**delapan puluh tiga**	[delapan puluh tiga]
90 ninety	**sembilan puluh**	[sembilan puluh]
91 ninety-one	**sembulan puluh satu**	[sembulan puluh satu]
92 ninety-two	**sembilan puluh dua**	[sembilan puluh dua]
93 ninety-three	**sembilan puluh tiga**	[sembilan puluh tiga]

5. Cardinal numbers. Part 2

100 one hundred	**seratus**	[seratus]
200 two hundred	**dua ratus**	[dua ratus]

300 three hundred	**tiga ratus**	[tiga ratus]
400 four hundred	**empat ratus**	[empat ratus]
500 five hundred	**lima ratus**	[lima ratus]

600 six hundred	**enam ratus**	[enam ratus]
700 seven hundred	**tujuh ratus**	[tudʒʲuh ratus]
800 eight hundred	**delapan ratus**	[delapan ratus]
900 nine hundred	**sembilan ratus**	[sembilan ratus]

1000 one thousand	**seribu**	[seribu]
2000 two thousand	**dua ribu**	[dua ribu]
3000 three thousand	**tiga ribu**	[tiga ribu]
10000 ten thousand	**sepuluh ribu**	[sepuluh ribu]
one hundred thousand	**seratus ribu**	[seratus ribu]
million	**juta**	[dʒʲuta]
billion	**miliar**	[miliar]

6. Ordinal numbers

first (adj)	**pertama**	[pərtama]
second (adj)	**kedua**	[kedua]
third (adj)	**ketiga**	[ketiga]
fourth (adj)	**keempat**	[keempat]
fifth (adj)	**kelima**	[kelima]

sixth (adj)	**keenam**	[keenam]
seventh (adj)	**ketujuh**	[ketudʒʲuh]
eighth (adj)	**kedelapan**	[kedelapan]
ninth (adj)	**kesembilan**	[kesembilan]
tenth (adj)	**kesepuluh**	[kesepuluh]

7. Numbers. Fractions

fraction	**pecahan**	[petʃahan]
one half	**seperdua**	[seperdua]
one third	**sepertiga**	[sepertiga]
one quarter	**seperempat**	[seperempat]
one eighth	**seperdelapan**	[seperdelapan]
one tenth	**sepersepuluh**	[sepersepuluh]
two thirds	**dua pertiga**	[dua pertiga]
three quarters	**tiga perempat**	[tiga perempat]

8. Numbers. Basic operations

| subtraction | **pengurangan** | [peŋuraŋan] |
| to subtract (vi, vt) | **mengurangkan** | [meŋuraŋkan] |

division	**pembagian**	[pembagian]
to divide (vt)	**membagi**	[membagi]
addition	**penambahan**	[penambahan]
to add up (vt)	**menambahkan**	[mənambahkan]
to add (vi, vt)	**menambahkan**	[mənambahkan]
multiplication	**pengalian**	[peŋalian]
to multiply (vt)	**mengalikan**	[məŋalikan]

9. Numbers. Miscellaneous

digit, figure	**angka**	[aŋka]
number	**nomor**	[nomor]
numeral	**kata bilangan**	[kata bilaŋan]
minus sign	**minus**	[minus]
plus sign	**plus**	[plus]
formula	**rumus**	[rumus]
calculation	**perhitungan**	[pərhituŋan]
to count (vi, vt)	**menghitung**	[məŋhituŋ]
to count up	**menghitung**	[məŋhituŋ]
to compare (vt)	**membandingkan**	[membandiŋkan]
How much?	**Berapa?**	[bərapa?]
sum, total	**jumlah**	[dʒʲumlah]
result	**hasil**	[hasil]
remainder	**sisa, baki**	[sisa], [baki]
a few (e.g., ~ years ago)	**beberapa**	[beberapa]
little (I had ~ time)	**sedikit**	[sedikit]
the rest	**selebihnya, sisanya**	[selebihnja], [sisanja]
one and a half	**satu setengah**	[satu seteŋah]
dozen	**lusin**	[lusin]
in half (adv)	**dua bagian**	[dua bagian]
equally (evenly)	**rata**	[rata]
half	**setengah**	[seteŋah]
time (three ~s)	**kali**	[kali]

10. The most important verbs. Part 1

to advise (vt)	**menasihati**	[mənasihati]
to agree (say yes)	**setuju**	[setudʒʲu]
to answer (vi, vt)	**menjawab**	[məndʒʲawab]
to apologize (vi)	**meminta maaf**	[meminta maʔaf]
to arrive (vi)	**datang**	[dataŋ]
to ask (~ oneself)	**bertanya**	[bərtanja]
to ask (~ sb to do sth)	**meminta**	[meminta]

to be (~ a teacher)	ialah, adalah	[ialah], [adalah]
to be (~ on a diet)	sedang	[sedaŋ]
to be afraid	takut	[takut]
to be hungry	lapar	[lapar]
to be interested in ...	menaruh minat pada ...	[mənaruh minat pada ...]
to be needed	dibutuhkan	[dibutuhkan]
to be surprised	heran	[heran]
to be thirsty	haus	[haus]
to begin (vt)	memulai, membuka	[memulaj], [membuka]
to belong to ...	kepunyaan ...	[kəpunja'an ...]
to boast (vi)	membual	[membual]
to break (split into pieces)	memecahkan	[memetʃahkan]
to call (~ for help)	memanggil	[memaŋgil]
can (v aux)	bisa	[bisa]
to catch (vt)	menangkap	[mənaŋkap]
to change (vt)	mengubah	[məŋubah]
to choose (select)	memilih	[memilih]
to come down (the stairs)	turun	[turun]
to compare (vt)	membandingkan	[membandiŋkan]
to complain (vi, vt)	mengeluh	[məŋeluh]
to confuse (mix up)	bingung membedakan	[biŋuŋ membedakan]
to continue (vt)	meneruskan	[məneruskan]
to control (vt)	mengontrol	[məŋontrol]
to cook (dinner)	memasak	[memasa']
to cost (vt)	berharga	[bərharga]
to count (add up)	menghitung	[məŋhituŋ]
to count on ...	mengharapkan ...	[məŋharapkan ...]
to create (vt)	menciptakan	[məntʃiptakan]
to cry (weep)	menangis	[mənaŋis]

11. The most important verbs. Part 2

to deceive (vi, vt)	menipu	[mənipu]
to decorate (tree, street)	menghiasi	[məŋhiasi]
to defend (a country, etc.)	membela	[membela]
to demand (request firmly)	menuntut	[mənuntut]
to dig (vt)	menggali	[məŋgali]
to discuss (vt)	membicarakan	[membitʃarakan]
to do (vt)	membuat	[membuat]
to doubt (have doubts)	ragu-ragu	[ragu-ragu]
to drop (let fall)	tercecer	[tərtʃetʃer]
to enter (room, house, etc.)	masuk, memasuki	[masuk], [memasuki]
to excuse (forgive)	memaafkan	[mema'afkan]

to exist (vi)	ada	[ada]
to expect (foresee)	menduga	[mənduga]
to explain (vt)	menjelaskan	[məndʒielaskan]
to fall (vi)	jatuh	[dʒiatuh]

to find (vt)	menemukan	[mənemukan]
to finish (vt)	mengakhiri	[məŋahiri]
to fly (vi)	terbang	[tərbaŋ]
to follow ... (come after)	mengikuti ...	[məŋikuti ...]
to forget (vi, vt)	melupakan	[melupakan]

to forgive (vt)	memaafkan	[mema'afkan]
to give (vt)	memberi	[memberi]
to give a hint	memberi petunjuk	[memberi petundʒiuʔ]
to go (on foot)	berjalan	[bərdʒialan]

to go for a swim	berenang	[bərenaŋ]
to go out (for dinner, etc.)	keluar	[keluar]
to guess (the answer)	menerka	[mənerka]

to have (vt)	mempunyai	[mempunjaj]
to have breakfast	sarapan	[sarapan]
to have dinner	makan malam	[makan malam]
to have lunch	makan siang	[makan siaŋ]
to hear (vt)	mendengar	[məndeŋar]

to help (vt)	membantu	[membantu]
to hide (vt)	menyembunyikan	[mənjembunjikan]
to hope (vi, vt)	berharap	[bərharap]
to hunt (vi, vt)	berburu	[bərburu]
to hurry (vi)	tergesa-gesa	[tərgesa-gesa]

12. The most important verbs. Part 3

to inform (vt)	menginformasikan	[məŋinformasikan]
to insist (vi, vt)	mendesak	[məndesaʔ]
to insult (vt)	menghina	[məŋhina]
to invite (vt)	mengundang	[məŋundaŋ]
to joke (vi)	bergurau	[bərgurau]

to keep (vt)	menyimpan	[mənjimpan]
to keep silent	diam	[diam]
to kill (vt)	membunuh	[membunuh]
to know (sb)	kenal	[kenal]
to know (sth)	tahu	[tahu]
to laugh (vi)	tertawa	[tərtawa]

to liberate (city, etc.)	membebaskan	[membebaskan]
to like (I like ...)	suka	[suka]
to look for ... (search)	mencari ...	[məntʃari ...]

to love (sb)	**mencintai**	[məntʃintaj]
to make a mistake	**salah**	[salah]
to manage, to run	**memimpin**	[memimpin]
to mean (signify)	**berarti**	[bərarti]
to mention (talk about)	**menyebut**	[mənjebut]
to miss (school, etc.)	**absen**	[absen]
to notice (see)	**memperhatikan**	[memperhatikan]
to object (vi, vt)	**keberatan**	[keberatan]
to observe (see)	**mengamati**	[məŋamati]
to open (vt)	**membuka**	[membuka]
to order (meal, etc.)	**memesan**	[memesan]
to order (mil.)	**memerintahkan**	[memerintahkan]
to own (possess)	**memiliki**	[memiliki]
to participate (vi)	**turut serta**	[turut serta]
to pay (vi, vt)	**membayar**	[membajar]
to permit (vt)	**mengizinkan**	[məɲizinkan]
to plan (vt)	**merencanakan**	[merentʃanakan]
to play (children)	**bermain**	[bərmajn]
to pray (vi, vt)	**bersembahyang, berdoa**	[bərsembahjaŋ], [bərdoa]
to prefer (vt)	**lebih suka**	[lebih suka]
to promise (vt)	**berjanji**	[bərdʒʲandʒi]
to pronounce (vt)	**melafalkan**	[melafalkan]
to propose (vt)	**mengusulkan**	[məŋusulkan]
to punish (vt)	**menghukum**	[məŋhukum]

13. The most important verbs. Part 4

to read (vi, vt)	**membaca**	[membatʃa]
to recommend (vt)	**merekomendasi**	[merekomendasi]
to refuse (vi, vt)	**menolak**	[mənolaʔ]
to regret (be sorry)	**menyesal**	[mənjesal]
to rent (sth from sb)	**menyewa**	[mənjewa]
to repeat (say again)	**mengulangi**	[məŋulaŋi]
to reserve, to book	**memesan**	[memesan]
to run (vi)	**lari**	[lari]
to save (rescue)	**menyelamatkan**	[mənjelamatkan]
to say (~ thank you)	**berkata**	[bərkata]
to scold (vt)	**memarahi, menegur**	[memarahi], [menegur]
to see (vt)	**melihat**	[melihat]
to sell (vt)	**menjual**	[məndʒʲual]
to send (vt)	**mengirim**	[məŋirim]
to shoot (vi)	**menembak**	[mənembaʔ]
to shout (vi)	**berteriak**	[bərteriaʔ]
to show (vt)	**menunjukkan**	[mənundʒʲuʔkan]

to sign (document)	**menandatangani**	[mənandataŋani]
to sit down (vi)	**duduk**	[duduʔ]
to smile (vi)	**tersenyum**	[tərsenyum]
to speak (vi, vt)	**berbicara**	[bərbitʃara]
to steal (money, etc.)	**mencuri**	[məntʃuri]
to stop (for pause, etc.)	**berhenti**	[bərhenti]
to stop (please ~ calling me)	**menghentikan**	[məŋhentikan]
to study (vt)	**mempelajari**	[mempeladʒˈari]
to swim (vi)	**berenang**	[bərenaŋ]
to take (vt)	**mengambil**	[məŋambil]
to think (vi, vt)	**berpikir**	[bərpikir]
to threaten (vt)	**mengancam**	[məŋantʃam]
to touch (with hands)	**menyentuh**	[mənjentuh]
to translate (vt)	**menerjemahkan**	[mənerdʒˈemahkan]
to trust (vt)	**mempercayai**	[mempertʃajaj]
to try (attempt)	**mencoba**	[məntʃoba]
to turn (e.g., ~ left)	**membelok**	[membeloʔ]
to underestimate (vt)	**meremehkan**	[meremehkan]
to understand (vt)	**mengerti**	[məŋerti]
to unite (vt)	**menyatukan**	[mənjatukan]
to wait (vt)	**menunggu**	[mənuŋgu]
to want (wish, desire)	**mau, ingin**	[mau], [iŋin]
to warn (vt)	**memperingatkan**	[memperiŋatkan]
to work (vi)	**bekerja**	[bekerdʒˈa]
to write (vt)	**menulis**	[mənulis]
to write down	**mencatat**	[məntʃatat]

14. Colors

color	**warna**	[warna]
shade (tint)	**nuansa**	[nuansa]
hue	**warna**	[warna]
rainbow	**pelangi**	[pelaŋi]
white (adj)	**putih**	[putih]
black (adj)	**hitam**	[hitam]
gray (adj)	**kelabu**	[kelabu]
green (adj)	**hijau**	[hidʒˈau]
yellow (adj)	**kuning**	[kuniŋ]
red (adj)	**merah**	[merah]
blue (adj)	**biru**	[biru]
light blue (adj)	**biru muda**	[biru muda]

pink (adj)	**pink**	[pinʔ]
orange (adj)	**oranye, jingga**	[oranje], [dʒiŋga]
violet (adj)	**violet, ungu muda**	[violet], [uŋu muda]
brown (adj)	**cokelat**	[tʃokelat]
golden (adj)	**keemasan**	[keemasan]
silvery (adj)	**keperakan**	[keperakan]
beige (adj)	**abu-abu kecokelatan**	[abu-abu ketʃokelatan]
cream (adj)	**krem**	[krem]
turquoise (adj)	**pirus**	[pirus]
cherry red (adj)	**merah tua**	[merah tua]
lilac (adj)	**ungu**	[uŋu]
crimson (adj)	**merah lembayung**	[merah lembajuŋ]
light (adj)	**terang**	[teraŋ]
dark (adj)	**gelap**	[gelap]
bright, vivid (adj)	**terang**	[teraŋ]
colored (pencils)	**berwarna**	[bərwarna]
color (e.g., ~ film)	**warna**	[warna]
black-and-white (adj)	**hitam-putih**	[hitam-putih]
plain (one-colored)	**polos, satu warna**	[polos], [satu warna]
multicolored (adj)	**berwarna-warni**	[bərwarna-warni]

15. Questions

Who?	**Siapa?**	[siapa?]
What?	**Apa?**	[apa?]
Where? (at, in)	**Di mana?**	[di mana?]
Where (to)?	**Ke mana?**	[ke mana?]
From where?	**Dari mana?**	[dari mana?]
When?	**Kapan?**	[kapan?]
Why? (What for?)	**Mengapa?**	[məŋapa?]
Why? (~ are you crying?)	**Mengapa?**	[məŋapa?]
What for?	**Untuk apa?**	[untuʔ apa?]
How? (in what way)	**Bagaimana?**	[bagajmana?]
What? (What kind of …?)	**Apa? Yang mana?**	[apa?], [yaŋ mana?]
Which?	**Yang mana?**	[yaŋ mana?]
To whom?	**Kepada siapa?** **Untuk siapa?**	[kepada siapa?], [untuʔ siapa?]
About whom?	**Tentang siapa?**	[tentaŋ siapa?]
About what?	**Tentang apa?**	[tentaŋ apa?]
With whom?	**Dengan siapa?**	[deŋan siapa?]
How many? How much?	**Berapa?**	[bərapa?]
Whose?	**Milik siapa?**	[miliʔ siapa?]

16. Prepositions

with (accompanied by)	**dengan**	[deŋan]
without	**tanpa**	[tanpa]
to (indicating direction)	**ke**	[ke]
about (talking ~ ...)	**tentang ...**	[tentaŋ ...]
before (in time)	**sebelum**	[sebelum]
in front of ...	**di depan ...**	[di depan ...]
under (beneath, below)	**di bawah**	[di bawah]
above (over)	**di atas**	[di atas]
on (atop)	**di atas**	[di atas]
from (off, out of)	**dari**	[dari]
of (made from)	**dari**	[dari]
in (e.g., ~ ten minutes)	**dalam**	[dalam]
over (across the top of)	**melalui**	[melalui]

17. Function words. Adverbs. Part 1

Where? (at, in)	**Di mana?**	[di mana?]
here (adv)	**di sini**	[di sini]
there (adv)	**di sana**	[di sana]
somewhere (to be)	**di suatu tempat**	[di suatu tempat]
nowhere (not anywhere)	**tak ada di mana pun**	[taʔ ada di mana pun]
by (near, beside)	**dekat**	[dekat]
by the window	**dekat jendela**	[dekat dʒʲendela]
Where (to)?	**Ke mana?**	[ke mana?]
here (e.g., come ~!)	**ke sini**	[ke sini]
there (e.g., to go ~)	**ke sana**	[ke sana]
from here (adv)	**dari sini**	[dari sini]
from there (adv)	**dari sana**	[dari sana]
close (adv)	**dekat**	[dekat]
far (adv)	**jauh**	[dʒʲauh]
near (e.g., ~ Paris)	**dekat**	[dekat]
nearby (adv)	**dekat**	[dekat]
not far (adv)	**tidak jauh**	[tidaʔ dʒʲauh]
left (adj)	**kiri**	[kiri]
on the left	**di kiri**	[di kiri]
to the left	**ke kiri**	[ke kiri]
right (adj)	**kanan**	[kanan]
on the right	**di kanan**	[di kanan]

to the right	**ke kanan**	[ke kanan]
in front (adv)	**di depan**	[di depan]
front (as adj)	**depan**	[depan]
ahead (the kids ran ~)	**ke depan**	[ke depan]
behind (adv)	**di belakang**	[di belakaŋ]
from behind	**dari belakang**	[dari belakaŋ]
back (towards the rear)	**mundur**	[mundur]
middle	**tengah**	[teŋah]
in the middle	**di tengah**	[di teŋah]
at the side	**di sisi, di samping**	[di sisi], [di sampiŋ]
everywhere (adv)	**di mana-mana**	[di mana-mana]
around (in all directions)	**di sekitar**	[di sekitar]
from inside	**dari dalam**	[dari dalam]
somewhere (to go)	**ke suatu tempat**	[ke suatu tempat]
straight (directly)	**terus**	[terus]
back (e.g., come ~)	**kembali**	[kembali]
from anywhere	**dari mana pun**	[dari mana pun]
from somewhere	**dari suatu tempat**	[dari suatu tempat]
firstly (adv)	**pertama**	[pertama]
secondly (adv)	**kedua**	[kedua]
thirdly (adv)	**ketiga**	[ketiga]
suddenly (adv)	**tiba-tiba**	[tiba-tiba]
at first (in the beginning)	**mula-mula**	[mula-mula]
for the first time	**untuk pertama kalinya**	[untuʔ pertama kalinja]
long before ...	**jauh sebelum ...**	[dʒʲauh sebelum ...]
anew (over again)	**kembali**	[kembali]
for good (adv)	**untuk selama-lamanya**	[untuʔ selama-lamanja]
never (adv)	**tidak pernah**	[tidaʔ pernah]
again (adv)	**lagi, kembali**	[lagi], [kembali]
now (adv)	**sekarang**	[sekaraŋ]
often (adv)	**sering, seringkali**	[seriŋ], [seriŋkali]
then (adv)	**ketika itu**	[ketika itu]
urgently (quickly)	**segera**	[segera]
usually (adv)	**biasanya**	[biasanja]
by the way, ...	**ngomong-ngomong ...**	[ŋomoŋ-ŋomoŋ ...]
possible (that is ~)	**mungkin**	[muŋkin]
probably (adv)	**mungkin**	[muŋkin]
maybe (adv)	**mungkin**	[muŋkin]
besides ...	**selain itu ...**	[selajn itu ...]
that's why ...	**karena itu ...**	[karena itu ...]
in spite of ...	**meskipun ...**	[meskipun ...]
thanks to ...	**berkat ...**	[berkat ...]
what (pron.)	**apa**	[apa]

that (conj.)	bahwa	[bahwa]
something	sesuatu	[sesuatu]
anything (something)	sesuatu	[sesuatu]
nothing	tidak sesuatu pun	[tidaʔ sesuatu pun]

who (pron.)	siapa	[siapa]
someone	seseorang	[seseoraŋ]
somebody	seseorang	[seseoraŋ]

nobody	tidak seorang pun	[tidaʔ seoraŋ pun]
nowhere (a voyage to ~)	tidak ke mana pun	[tidaʔ ke mana pun]
nobody's	tidak milik siapa pun	[tidaʔ miliʔ siapa pun]
somebody's	milik seseorang	[miliʔ seseoraŋ]

so (I'm ~ glad)	sangat	[saŋat]
also (as well)	juga	[dʒʲuga]
too (as well)	juga	[dʒʲuga]

18. Function words. Adverbs. Part 2

Why?	Mengapa?	[meŋapa?]
for some reason	entah mengapa	[entah meŋapa]
because ...	karena ...	[karena ...]
for some purpose	untuk tujuan tertentu	[untuʔ tudʒʲuan tertentu]

and	dan	[dan]
or	atau	[atau]
but	tetapi, namun	[tetapi], [namun]
for (e.g., ~ me)	untuk	[untuʔ]

too (~ many people)	terlalu	[terlalu]
only (exclusively)	hanya	[hanja]
exactly (adv)	tepat	[tepat]
about (more or less)	sekitar	[sekitar]

approximately (adv)	kira-kira	[kira-kira]
approximate (adj)	kira-kira	[kira-kira]
almost (adv)	hampir	[hampir]
the rest	selebihnya, sisanya	[selebihnja], [sisanja]

the other (second)	kedua	[kedua]
other (different)	lain	[lain]
each (adj)	setiap	[setiap]
any (no matter which)	sebarang	[sebaraŋ]
many, much (a lot of)	banyak	[banjaʔ]
many people	banyak orang	[banjaʔ oraŋ]
all (everyone)	semua	[semua]

| in return for ... | sebagai ganti ... | [sebagaj ganti ...] |
| in exchange (adv) | sebagai gantinya | [sebagaj gantinja] |

| by hand (made) | **dengan tangan** | [deŋan taŋan] |
| hardly (negative opinion) | **hampir tidak** | [hampir tidaʔ] |

probably (adv)	**mungkin**	[muŋkin]
on purpose (intentionally)	**sengaja**	[seŋadʒʲa]
by accident (adv)	**tidak sengaja**	[tidaʔ seŋadʒʲa]

very (adv)	**sangat**	[saŋat]
for example (adv)	**misalnya**	[misalnja]
between	**antara**	[antara]
among	**di antara**	[di antara]
so much (such a lot)	**banyak sekali**	[banjaʔ sekali]
especially (adv)	**terutama**	[tərutama]

Basic concepts. Part 2

19. Weekdays

Monday	**Hari Senin**	[hari senin]
Tuesday	**Hari Selasa**	[hari selasa]
Wednesday	**Hari Rabu**	[hari rabu]
Thursday	**Hari Kamis**	[hari kamis]
Friday	**Hari Jumat**	[hari dʒˈumat]
Saturday	**Hari Sabtu**	[hari sabtu]
Sunday	**Hari Minggu**	[hari miŋgu]
today (adv)	**hari ini**	[hari ini]
tomorrow (adv)	**besok**	[besoʔ]
the day after tomorrow	**besok lusa**	[besoʔ lusa]
yesterday (adv)	**kemarin**	[kemarin]
the day before yesterday	**kemarin dulu**	[kemarin dulu]
day	**hari**	[hari]
working day	**hari kerja**	[hari kerdʒˈa]
public holiday	**hari libur**	[hari libur]
day off	**hari libur**	[hari libur]
weekend	**akhir pekan**	[ahir pekan]
all day long	**seharian**	[seharian]
the next day (adv)	**hari berikutnya**	[hari berikutnja]
two days ago	**dua hari lalu**	[dua hari lalu]
the day before	**hari sebelumnya**	[hari sebelumnja]
daily (adj)	**harian**	[harian]
every day (adv)	**tiap hari**	[tiap hari]
week	**minggu**	[miŋgu]
last week (adv)	**minggu lalu**	[miŋgu lalu]
next week (adv)	**minggu berikutnya**	[miŋgu berikutnja]
weekly (adj)	**mingguan**	[miŋguan]
every week (adv)	**tiap minggu**	[tiap miŋgu]
twice a week	**dua kali seminggu**	[dua kali semiŋgu]
every Tuesday	**tiap Hari Selasa**	[tiap hari selasa]

20. Hours. Day and night

morning	**pagi**	[pagi]
in the morning	**pada pagi hari**	[pada pagi hari]
noon, midday	**tengah hari**	[teŋah hari]

in the afternoon	**pada sore hari**	[pada sore hari]
evening	**sore, malam**	[sore], [malam]
in the evening	**waktu sore**	[waktu sore]
night	**malam**	[malam]
at night	**pada malam hari**	[pada malam hari]
midnight	**tengah malam**	[teŋah malam]
second	**detik**	[detiʔ]
minute	**menit**	[menit]
hour	**jam**	[dʒʲam]
half an hour	**setengah jam**	[seteŋah dʒʲam]
a quarter-hour	**seperempat jam**	[seperempat dʒʲam]
fifteen minutes	**lima belas menit**	[lima belas menit]
24 hours	**siang-malam**	[siaŋ-malam]
sunrise	**matahari terbit**	[matahari tərbit]
dawn	**subuh**	[subuh]
early morning	**dini pagi**	[dini pagi]
sunset	**matahari terbenam**	[matahari tərbenam]
early in the morning	**pagi-pagi**	[pagi-pagi]
this morning	**pagi ini**	[pagi ini]
tomorrow morning	**besok pagi**	[besoʔ pagi]
this afternoon	**sore ini**	[sore ini]
in the afternoon	**pada sore hari**	[pada sore hari]
tomorrow afternoon	**besok sore**	[besoʔ sore]
tonight (this evening)	**sore ini**	[sore ini]
tomorrow night	**besok malam**	[besoʔ malam]
at 3 o'clock sharp	**pukul 3 tepat**	[pukul tiga tepat]
about 4 o'clock	**sekitar pukul 4**	[sekitar pukul empat]
by 12 o'clock	**pada pukul 12**	[pada pukul belas]
in 20 minutes	**dalam 20 menit**	[dalam dua puluh menit]
in an hour	**dalam satu jam**	[dalam satu dʒʲam]
on time (adv)	**tepat waktu**	[tepat waktu]
a quarter of ...	**... kurang seperempat**	[... kuraŋ seperempat]
within an hour	**selama sejam**	[selama sedʒʲam]
every 15 minutes	**tiap 15 menit**	[tiap lima belas menit]
round the clock	**siang-malam**	[siaŋ-malam]

21. Months. Seasons

January	**Januari**	[dʒʲanuari]
February	**Februari**	[februari]
March	**Maret**	[maret]
April	**April**	[april]

May	**Mei**	[mei]
June	**Juni**	[dʒˈuni]
July	**Juli**	[dʒˈuli]
August	**Augustus**	[augustus]
September	**September**	[september]
October	**Oktober**	[oktober]
November	**November**	[november]
December	**Desember**	[desember]
spring	**musim semi**	[musim semi]
in spring	**pada musim semi**	[pada musim semi]
spring (as adj)	**musim semi**	[musim semi]
summer	**musim panas**	[musim panas]
in summer	**pada musim panas**	[pada musim panas]
summer (as adj)	**musim panas**	[musim panas]
fall	**musim gugur**	[musim gugur]
in fall	**pada musim gugur**	[pada musim gugur]
fall (as adj)	**musim gugur**	[musim gugur]
winter	**musim dingin**	[musim diŋin]
in winter	**pada musim dingin**	[pada musim diŋin]
winter (as adj)	**musim dingin**	[musim diŋin]
month	**bulan**	[bulan]
this month	**bulan ini**	[bulan ini]
next month	**bulan depan**	[bulan depan]
last month	**bulan lalu**	[bulan lalu]
a month ago	**sebulan lalu**	[sebulan lalu]
in a month (a month later)	**dalam satu bulan**	[dalam satu bulan]
in 2 months (2 months later)	**dalam 2 bulan**	[dalam dua bulan]
the whole month	**sepanjang bulan**	[sepandʒˈaŋ bulan]
all month long	**sebulan penuh**	[sebulan penuh]
monthly (~ magazine)	**bulanan**	[bulanan]
monthly (adv)	**tiap bulan**	[tiap bulan]
every month	**tiap bulan**	[tiap bulan]
twice a month	**dua kali sebulan**	[dua kali sebulan]
year	**tahun**	[tahun]
this year	**tahun ini**	[tahun ini]
next year	**tahun depan**	[tahun depan]
last year	**tahun lalu**	[tahun lalu]
a year ago	**setahun lalu**	[setahun lalu]
in a year	**dalam satu tahun**	[dalam satu tahun]
in two years	**dalam 2 tahun**	[dalam dua tahun]
the whole year	**sepanjang tahun**	[sepandʒˈaŋ tahun]

all year long	**setahun penuh**	[setahun penuh]
every year	**tiap tahun**	[tiap tahun]
annual (adj)	**tahunan**	[tahunan]
annually (adv)	**tiap tahun**	[tiap tahun]
4 times a year	**empat kali setahun**	[empat kali setahun]

date (e.g., today's ~)	**tanggal**	[taŋgal]
date (e.g., ~ of birth)	**tanggal**	[taŋgal]
calendar	**kalender**	[kalender]

half a year	**setengah tahun**	[setenah tahun]
six months	**enam bulan**	[enam bulan]
season (summer, etc.)	**musim**	[musim]
century	**abad**	[abad]

22. Units of measurement

weight	**berat**	[berat]
length	**panjang**	[pandʒʲaŋ]
width	**lebar**	[lebar]
height	**ketinggian**	[ketiŋgian]
depth	**kedalaman**	[kedalaman]
volume	**volume, isi**	[volume], [isi]
area	**luas**	[luas]

gram	**gram**	[gram]
milligram	**miligram**	[miligram]
kilogram	**kilogram**	[kilogram]
ton	**ton**	[ton]
pound	**pon**	[pon]
ounce	**ons**	[ons]

meter	**meter**	[meter]
millimeter	**milimeter**	[milimeter]
centimeter	**sentimeter**	[sentimeter]
kilometer	**kilometer**	[kilometer]
mile	**mil**	[mil]

inch	**inci**	[intʃi]
foot	**kaki**	[kaki]
yard	**yard**	[yard]

| square meter | **meter persegi** | [meter pərsegi] |
| hectare | **hektar** | [hektar] |

liter	**liter**	[liter]
degree	**derajat**	[deradʒʲat]
volt	**volt**	[volt]
ampere	**ampere**	[ampere]
horsepower	**tenaga kuda**	[tenaga kuda]

quantity	**kuantitas**	[kuantitas]
a little bit of ...	**sedikit ...**	[sedikit ...]
half	**setengah**	[setəŋah]
dozen	**lusin**	[lusin]
piece (item)	**buah**	[buah]
size	**ukuran**	[ukuran]
scale (map ~)	**skala**	[skala]
minimal (adj)	**minimal**	[minimal]
the smallest (adj)	**terkecil**	[terketʃil]
medium (adj)	**sedang**	[sedaŋ]
maximal (adj)	**maksimal**	[maksimal]
the largest (adj)	**terbesar**	[terbesar]

23. Containers

canning jar (glass ~)	**gelas**	[gelas]
can	**kaleng**	[kaleŋ]
bucket	**ember**	[ember]
barrel	**tong**	[toŋ]
wash basin (e.g., plastic ~)	**baskom**	[baskom]
tank (100L water ~)	**tangki**	[taŋki]
hip flask	**pelples**	[pelples]
jerrycan	**jeriken**	[dʒˈeriken]
tank (e.g., tank car)	**tangki**	[taŋki]
mug	**mangkuk**	[maŋkuʔ]
cup (of coffee, etc.)	**cangkir**	[tʃaŋkir]
saucer	**alas cangkir**	[alas tʃaŋkir]
glass (tumbler)	**gelas**	[gelas]
wine glass	**gelas anggur**	[gelas aŋgur]
stock pot (soup pot)	**panci**	[pantʃi]
bottle (~ of wine)	**botol**	[botol]
neck (of the bottle, etc.)	**leher**	[leher]
carafe (decanter)	**karaf**	[karaf]
pitcher	**kendi**	[kendi]
vessel (container)	**wadah**	[wadah]
pot (crock, stoneware ~)	**pot**	[pot]
vase	**vas**	[vas]
bottle (perfume ~)	**botol**	[botol]
vial, small bottle	**botol kecil**	[botol ketʃil]
tube (of toothpaste)	**tabung**	[tabuŋ]
sack (bag)	**karung**	[karuŋ]
bag (paper ~, plastic ~)	**kantong**	[kantoŋ]

pack (of cigarettes, etc.)	**bungkus**	[buŋkus]
box (e.g., shoebox)	**kotak, kardus**	[kotak], [kardus]
crate	**kotak**	[kotaʔ]
basket	**bakul**	[bakul]

HUMAN BEING

Human being. The body

24. Head

head	**kepala**	[kepala]
face	**wajah**	[wadʒˈah]
nose	**hidung**	[hiduŋ]
mouth	**mulut**	[mulut]
eye	**mata**	[mata]
eyes	**mata**	[mata]
pupil	**pupil, biji mata**	[pupil], [bidʒi mata]
eyebrow	**alis**	[alis]
eyelash	**bulu mata**	[bulu mata]
eyelid	**kelopak mata**	[kelopaʔ mata]
tongue	**lidah**	[lidah]
tooth	**gigi**	[gigi]
lips	**bibir**	[bibir]
cheekbones	**tulang pipi**	[tulaŋ pipi]
gum	**gusi**	[gusi]
palate	**langit-langit mulut**	[laŋit-laŋit mulut]
nostrils	**lubang hidung**	[lubaŋ hiduŋ]
chin	**dagu**	[dagu]
jaw	**rahang**	[rahaŋ]
cheek	**pipi**	[pipi]
forehead	**dahi**	[dahi]
temple	**pelipis**	[pelipis]
ear	**telinga**	[teliŋa]
back of the head	**tengkuk**	[teŋkuʔ]
neck	**leher**	[leher]
throat	**tenggorok**	[teŋgoroʔ]
hair	**rambut**	[rambut]
hairstyle	**tatanan rambut**	[tatanan rambut]
haircut	**potongan rambut**	[potoŋan rambut]
wig	**wig, rambut palsu**	[wig], [rambut palsu]
mustache	**kumis**	[kumis]
beard	**janggut**	[dʒˈaŋgut]
to have (a beard, etc.)	**memelihara**	[memelihara]

braid	**kepang**	[kepaŋ]
sideburns	**brewok**	[brewoʔ]
red-haired (adj)	**merah pirang**	[merah piraŋ]
gray (hair)	**beruban**	[beruban]
bald (adj)	**botak, plontos**	[botak], [plontos]
bald patch	**botak**	[botaʔ]
ponytail	**ekor kuda**	[ekor kuda]
bangs	**poni rambut**	[poni rambut]

25. Human body

hand	**tangan**	[taŋan]
arm	**lengan**	[leŋan]
finger	**jari**	[dʒʲari]
toe	**jari**	[dʒʲari]
thumb	**jempol**	[dʒʲempol]
little finger	**jari kelingking**	[dʒʲari keliŋkiŋ]
nail	**kuku**	[kuku]
fist	**kepalan tangan**	[kepalan taŋan]
palm	**telapak**	[telapaʔ]
wrist	**pergelangan**	[pergelaŋan]
forearm	**lengan bawah**	[leŋan bawah]
elbow	**siku**	[siku]
shoulder	**bahu**	[bahu]
leg	**kaki**	[kaki]
foot	**telapak kaki**	[telapaʔ kaki]
knee	**lutut**	[lutut]
calf (part of leg)	**betis**	[betis]
hip	**paha**	[paha]
heel	**tumit**	[tumit]
body	**tubuh**	[tubuh]
stomach	**perut**	[perut]
chest	**dada**	[dada]
breast	**payudara**	[pajudara]
flank	**rusuk**	[rusuʔ]
back	**punggung**	[puŋguŋ]
lower back	**pinggang bawah**	[piŋgaŋ bawah]
waist	**pinggang**	[piŋgaŋ]
navel (belly button)	**pusar**	[pusar]
buttocks	**pantat**	[pantat]
bottom	**pantat**	[pantat]
beauty mark	**tanda lahir**	[tanda lahir]
birthmark (café au lait spot)	**tanda lahir**	[tanda lahir]

tattoo	**tato**	[tato]
scar	**parut luka**	[parut luka]

Clothing & Accessories

26. Outerwear. Coats

clothes	**pakaian**	[pakajan]
outerwear	**pakaian luar**	[pakajan luar]
winter clothing	**pakaian musim dingin**	[pakajan musim diŋin]
coat (overcoat)	**mantel**	[mantel]
fur coat	**mantel bulu**	[mantel bulu]
fur jacket	**jaket bulu**	[dʒʲaket bulu]
down coat	**jaket bulu halus**	[dʒʲaket bulu halus]
jacket (e.g., leather ~)	**jaket**	[dʒʲaket]
raincoat (trenchcoat, etc.)	**jas hujan**	[dʒʲas hudʒʲan]
waterproof (adj)	**kedap air**	[kedap air]

27. Men's & women's clothing

shirt (button shirt)	**kemeja**	[kemedʒʲa]
pants	**celana**	[tʃelana]
jeans	**celana jins**	[tʃelana dʒins]
suit jacket	**jas**	[dʒʲas]
suit	**setelan**	[setelan]
dress (frock)	**gaun**	[gaun]
skirt	**rok**	[roʔ]
blouse	**blus**	[blus]
knitted jacket (cardigan, etc.)	**jaket wol**	[dʒʲaket wol]
jacket (of woman's suit)	**jaket**	[dʒʲaket]
T-shirt	**baju kaus**	[badʒʲu kaus]
shorts (short trousers)	**celana pendek**	[tʃelana pendeʔ]
tracksuit	**pakaian olahraga**	[pakajan olahraga]
bathrobe	**jubah mandi**	[dʒʲubah mandi]
pajamas	**piyama**	[piyama]
sweater	**sweter**	[sweter]
pullover	**pulover**	[pulover]
vest	**rompi**	[rompi]
tailcoat	**jas berbuntut**	[dʒʲas berbuntut]
tuxedo	**jas malam**	[dʒʲas malam]

uniform	**seragam**	[seragam]
workwear	**pakaian kerja**	[pakajan kerdʒʲa]
overalls	**baju monyet**	[badʒʲu monjet]
coat (e.g., doctor's smock)	**jas**	[dʒʲas]

28. Clothing. Underwear

underwear	**pakaian dalam**	[pakajan dalam]
boxers, briefs	**celana dalam lelaki**	[tʃelana dalam lelaki]
panties	**celana dalam wanita**	[tʃelana dalam wanita]
undershirt (A-shirt)	**singlet**	[siŋlet]
socks	**kaus kaki**	[kaus kaki]

nightgown	**baju tidur**	[badʒʲu tidur]
bra	**beha**	[beha]
knee highs (knee-high socks)	**kaus kaki selutut**	[kaus kaki selutut]
pantyhose	**pantihos**	[pantihos]
stockings (thigh highs)	**kaus kaki panjang**	[kaus kaki pandʒʲaŋ]
bathing suit	**baju renang**	[badʒʲu renaŋ]

29. Headwear

hat	**topi**	[topi]
fedora	**topi bulat**	[topi bulat]
baseball cap	**topi bisbol**	[topi bisbol]
flatcap	**topi pet**	[topi pet]

beret	**baret**	[baret]
hood	**kerudung kepala**	[keruduŋ kepala]
panama hat	**topi panama**	[topi panama]
knit cap (knitted hat)	**topi rajut**	[topi radʒʲut]

headscarf	**tudung kepala**	[tuduŋ kepala]
women's hat	**topi wanita**	[topi wanita]
hard hat	**topi baja**	[topi badʒʲa]
garrison cap	**topi lipat**	[topi lipat]
helmet	**helm**	[helm]

| derby | **topi bulat** | [topi bulat] |
| top hat | **topi tinggi** | [topi tiŋgi] |

30. Footwear

| footwear | **sepatu** | [sepatu] |
| shoes (men's shoes) | **sepatu bot** | [sepatu bot] |

shoes (women's shoes)	**sepatu wanita**	[sepatu wanita]
boots (e.g., cowboy ~)	**sepatu lars**	[sepatu lars]
slippers	**pantofel**	[pantofel]
tennis shoes (e.g., Nike ~)	**sepatu tenis**	[sepatu tenis]
sneakers (e.g., Converse ~)	**sepatu kets**	[sepatu kets]
sandals	**sandal**	[sandal]
cobbler (shoe repairer)	**tukang sepatu**	[tukaŋ sepatu]
heel	**tumit**	[tumit]
pair (of shoes)	**sepasang**	[sepasaŋ]
shoestring	**tali sepatu**	[tali sepatu]
to lace (vt)	**mengikat tali**	[məŋikat tali]
shoehorn	**sendok sepatu**	[sendoʔ sepatu]
shoe polish	**semir sepatu**	[semir sepatu]

31. Personal accessories

gloves	**sarung tangan**	[saruŋ taŋan]
mittens	**sarung tangan**	[saruŋ taŋan]
scarf (muffler)	**selendang**	[selendaŋ]
glasses (eyeglasses)	**kacamata**	[katʃamata]
frame (eyeglass ~)	**bingkai**	[biŋkaj]
umbrella	**payung**	[pajuŋ]
walking stick	**tongkat jalan**	[toŋkat dʒʲalan]
hairbrush	**sikat rambut**	[sikat rambut]
fan	**kipas**	[kipas]
tie (necktie)	**dasi**	[dasi]
bow tie	**dasi kupu-kupu**	[dasi kupu-kupu]
suspenders	**bretel**	[bretel]
handkerchief	**sapu tangan**	[sapu taŋan]
comb	**sisir**	[sisir]
barrette	**jepit rambut**	[dʒʲepit rambut]
hairpin	**harnal**	[harnal]
buckle	**gesper**	[gesper]
belt	**sabuk**	[sabuʔ]
shoulder strap	**tali tas**	[tali tas]
bag (handbag)	**tas**	[tas]
purse	**tas tangan**	[tas taŋan]
backpack	**ransel**	[ransel]

32. Clothing. Miscellaneous

fashion	**mode**	[mode]
in vogue (adj)	**modis**	[modis]
fashion designer	**perancang busana**	[pərantʃaŋ busana]
collar	**kerah**	[kerah]
pocket	**saku**	[saku]
pocket (as adj)	**saku**	[saku]
sleeve	**lengan**	[leŋan]
hanging loop	**tali kait**	[tali kait]
fly (on trousers)	**golbi**	[golbi]
zipper (fastener)	**ritsleting**	[ritsletiŋ]
fastener	**kancing**	[kantʃiŋ]
button	**kancing**	[kantʃiŋ]
buttonhole	**lubang kancing**	[lubaŋ kantʃiŋ]
to come off (ab. button)	**terlepas**	[tərlepas]
to sew (vi, vt)	**menjahit**	[məndʒʲahit]
to embroider (vi, vt)	**membordir**	[membordir]
embroidery	**bordiran**	[bordiran]
sewing needle	**jarum**	[dʒʲarum]
thread	**benang**	[benaŋ]
seam	**setik**	[setiʔ]
to get dirty (vi)	**kena kotor**	[kena kotor]
stain (mark, spot)	**bercak**	[bertʃaʔ]
to crease, crumple (vi)	**kumal**	[kumal]
to tear, to rip (vt)	**merobek**	[merobeʔ]
clothes moth	**ngengat**	[ŋeŋat]

33. Personal care. Cosmetics

toothpaste	**pasta gigi**	[pasta gigi]
toothbrush	**sikat gigi**	[sikat gigi]
to brush one's teeth	**menggosok gigi**	[məŋgosoʔ gigi]
razor	**pisau cukur**	[pisau tʃukur]
shaving cream	**krim cukur**	[krim tʃukur]
to shave (vi)	**bercukur**	[bərtʃukur]
soap	**sabun**	[sabun]
shampoo	**sampo**	[sampo]
scissors	**gunting**	[guntiŋ]
nail file	**kikir kuku**	[kikir kuku]
nail clippers	**pemotong kuku**	[pemotoŋ kuku]
tweezers	**pinset**	[pinset]

cosmetics	kosmetik	[kosmetiʔ]
face mask	masker	[masker]
manicure	manikur	[manikur]
to have a manicure	melakukan manikur	[melakukan manikur]
pedicure	pedi	[pedi]

make-up bag	tas kosmetik	[tas kosmetiʔ]
face powder	bedak	[bedaʔ]
powder compact	kotak bedak	[kotaʔ bedaʔ]
blusher	perona pipi	[pərona pipi]

perfume (bottled)	parfum	[parfum]
toilet water (lotion)	minyak wangi	[minjaʔ waŋi]
lotion	losion	[losjon]
cologne	kolonye	[kolone]

eyeshadow	pewarna mata	[pewarna mata]
eyeliner	pensil alis	[pensil alis]
mascara	celak	[tʃelaʔ]

lipstick	lipstik	[lipstiʔ]
nail polish, enamel	kuteks, cat kuku	[kuteks], [tʃat kuku]
hair spray	semprotan rambut	[semprotan rambut]
deodorant	deodoran	[deodoran]

cream	krim	[krim]
face cream	krim wajah	[krim wadʒʲah]
hand cream	krim tangan	[krim taŋan]
anti-wrinkle cream	krim antikerut	[krim antikerut]
day cream	krim siang	[krim siaŋ]
night cream	krim malam	[krim malam]
day (as adj)	siang	[siaŋ]
night (as adj)	malam	[malam]

tampon	tampon	[tampon]
toilet paper (toilet roll)	kertas toilet	[kertas toylet]
hair dryer	pengering rambut	[peŋeriŋ rambut]

34. Watches. Clocks

watch (wristwatch)	arloji	[arlodʒi]
dial	piringan jam	[piriŋan dʒʲam]
hand (of clock, watch)	jarum	[dʒʲarum]
metal watch band	rantai arloji	[rantaj arlodʒi]
watch strap	tali arloji	[tali arlodʒi]

battery	baterai	[bateraj]
to be dead (battery)	mati	[mati]
to change a battery	mengganti baterai	[məŋanti bateraj]
to run fast	cepat	[tʃepat]

to run slow	**terlambat**	[tərlambat]
wall clock	**jam dinding**	[dʒʲam dindiŋ]
hourglass	**jam pasir**	[dʒʲam pasir]
sundial	**jam matahari**	[dʒʲam matahari]
alarm clock	**weker**	[weker]
watchmaker	**tukang jam**	[tukaŋ dʒʲam]
to repair (vt)	**mereparasi, memperbaiki**	[mereparasi], [memperbajki]

Food. Nutricion

35. Food

meat	daging	[dagiŋ]
chicken	ayam	[ajam]
Rock Cornish hen (poussin)	anak ayam	[ana' ajam]
duck	bebek	[bebe']
goose	angsa	[aŋsa]
game	binatang buruan	[binataŋ buruan]
turkey	kalkun	[kalkun]
pork	daging babi	[dagiŋ babi]
veal	daging anak sapi	[dagiŋ ana' sapi]
lamb	daging domba	[dagiŋ domba]
beef	daging sapi	[dagiŋ sapi]
rabbit	kelinci	[kelintʃi]
sausage (bologna, pepperoni, etc.)	sosis	[sosis]
vienna sausage (frankfurter)	sosis	[sosis]
bacon	bakon	[beykon]
ham	ham, daging kornet	[ham], [dagiŋ kornet]
gammon	ham	[ham]
pâté	pasta	[pasta]
liver	hati	[hati]
hamburger (ground beef)	daging giling	[dagiŋ giliŋ]
tongue	lidah	[lidah]
egg	telur	[telur]
eggs	telur	[telur]
egg white	putih telur	[putih telur]
egg yolk	kuning telur	[kuniŋ telur]
fish	ikan	[ikan]
seafood	makanan laut	[makanan laut]
crustaceans	krustasea	[krustasea]
caviar	caviar	[kaviar]
crab	kepiting	[kepitiŋ]
shrimp	udang	[udaŋ]
oyster	tiram	[tiram]
spiny lobster	lobster berduri	[lobster berduri]

octopus	gurita	[gurita]
squid	cumi-cumi	[ʧumi-ʧumi]
sturgeon	ikan sturgeon	[ikan sturdʒʲen]
salmon	salmon	[salmon]
halibut	ikan turbot	[ikan turbot]
cod	ikan kod	[ikan kod]
mackerel	ikan kembung	[ikan kembuŋ]
tuna	tuna	[tuna]
eel	belut	[belut]
trout	ikan forel	[ikan forel]
sardine	sarden	[sarden]
pike	ikan pike	[ikan paik]
herring	ikan haring	[ikan hariŋ]
bread	roti	[roti]
cheese	keju	[kedʒʲu]
sugar	gula	[gula]
salt	garam	[garam]
rice	beras, nasi	[beras], [nasi]
pasta (macaroni)	makaroni	[makaroni]
noodles	mi	[mi]
butter	mentega	[məntega]
vegetable oil	minyak nabati	[minjaʔ nabati]
sunflower oil	minyak bunga matahari	[minjaʔ buŋa matahari]
margarine	margarin	[margarin]
olives	buah zaitun	[buah zajtun]
olive oil	minyak zaitun	[minjaʔ zajtun]
milk	susu	[susu]
condensed milk	susu kental	[susu kental]
yogurt	yogurt	[yogurt]
sour cream	krim asam	[krim asam]
cream (of milk)	krim, kepala susu	[krim], [kepala susu]
mayonnaise	mayones	[majones]
buttercream	krim	[krim]
cereal grains (wheat, etc.)	menir	[menir]
flour	tepung	[tepuŋ]
canned food	makanan kalengan	[makanan kaleŋan]
cornflakes	emping jagung	[empiŋ dʒʲaguŋ]
honey	madu	[madu]
jam	selai	[selaj]
chewing gum	permen karet	[pərmen karet]

36. Drinks

water	**air**	[air]
drinking water	**air minum**	[air minum]
mineral water	**air mineral**	[air mineral]
still (adj)	**tanpa gas**	[tanpa gas]
carbonated (adj)	**berkarbonasi**	[bərkarbonasi]
sparkling (adj)	**bergas**	[bərgas]
ice	**es**	[es]
with ice	**dengan es**	[deŋan es]
non-alcoholic (adj)	**tanpa alkohol**	[tanpa alkohol]
soft drink	**minuman ringan**	[minuman riŋan]
refreshing drink	**minuman penygar**	[minuman penigar]
lemonade	**limun**	[limun]
liquors	**minoman beralkohol**	[minoman bəralkohol]
wine	**anggur**	[aŋgur]
white wine	**anggur putih**	[aŋgur putih]
red wine	**anggur merah**	[aŋgur merah]
liqueur	**likeur**	[likeur]
champagne	**sampanye**	[sampanje]
vermouth	**vermouth**	[vermut]
whiskey	**wiski**	[wiski]
vodka	**vodka**	[vodka]
gin	**jin, jenewer**	[dʒin], [dʒʲenewer]
cognac	**konyak**	[konjaʔ]
rum	**rum**	[rum]
coffee	**kopi**	[kopi]
black coffee	**kopi pahit**	[kopi pahit]
coffee with milk	**kopi susu**	[kopi susu]
cappuccino	**cappuccino**	[kaputʃino]
instant coffee	**kopi instan**	[kopi instan]
milk	**susu**	[susu]
cocktail	**koktail**	[koktajl]
milkshake	**susu kocok**	[susu kotʃoʔ]
juice	**jus**	[dʒʲus]
tomato juice	**jus tomat**	[dʒʲus tomat]
orange juice	**jus jeruk**	[dʒʲus dʒʲeruʔ]
freshly squeezed juice	**jus peras**	[dʒʲus peras]
beer	**bir**	[bir]
light beer	**bir putih**	[bir putih]
dark beer	**bir hitam**	[bir hitam]
tea	**teh**	[teh]

| black tea | **teh hitam** | [teh hitam] |
| green tea | **teh hijau** | [teh hidʒʲau] |

37. Vegetables

| vegetables | **sayuran** | [sajuran] |
| greens | **sayuran hijau** | [sajuran hidʒʲau] |

tomato	**tomat**	[tomat]
cucumber	**mentimun, ketimun**	[məntimun], [ketimun]
carrot	**wortel**	[wortel]
potato	**kentang**	[kentaŋ]
onion	**bawang**	[bawaŋ]
garlic	**bawang putih**	[bawaŋ putih]

cabbage	**kol**	[kol]
cauliflower	**kembang kol**	[kembaŋ kol]
Brussels sprouts	**kol Brussels**	[kol brusels]
broccoli	**brokoli**	[brokoli]

beetroot	**ubi bit merah**	[ubi bit merah]
eggplant	**terung, terong**	[teruŋ], [təroŋ]
zucchini	**labu siam**	[labu siam]
pumpkin	**labu**	[labu]
turnip	**turnip**	[turnip]

parsley	**peterseli**	[peterseli]
dill	**adas sowa**	[adas sowa]
lettuce	**selada**	[selada]
celery	**seledri**	[seledri]
asparagus	**asparagus**	[asparagus]
spinach	**bayam**	[bajam]

pea	**kacang polong**	[katʃaŋ poloŋ]
beans	**kacang-kacangan**	[katʃaŋ-katʃaŋan]
corn (maize)	**jagung**	[dʒʲaguŋ]
kidney bean	**kacang buncis**	[katʃaŋ buntʃis]

bell pepper	**cabai**	[tʃabaj]
radish	**radis**	[radis]
artichoke	**artisyok**	[artiʃoʔ]

38. Fruits. Nuts

fruit	**buah**	[buah]
apple	**apel**	[apel]
pear	**pir**	[pir]
lemon	**jeruk sitrun**	[dʒʲeruʔ sitrun]

| orange | jeruk manis | [dʒʲeruʔ manis] |
| strawberry (garden ~) | stroberi | [stroberi] |

mandarin	jeruk mandarin	[dʒʲeruʔ mandarin]
plum	plum	[plum]
peach	persik	[persiʔ]
apricot	aprikot	[aprikot]
raspberry	buah frambus	[buah frambus]
pineapple	nanas	[nanas]

banana	pisang	[pisaŋ]
watermelon	semangka	[semaŋka]
grape	buah anggur	[buah aŋgur]
sour cherry	buah ceri asam	[buah tʃeri asam]
sweet cherry	buah ceri manis	[buah tʃeri manis]
melon	melon	[melon]

grapefruit	jeruk Bali	[dʒʲeruʔ bali]
avocado	avokad	[avokad]
papaya	pepaya	[pepaja]
mango	mangga	[maŋga]
pomegranate	buah delima	[buah delima]

redcurrant	redcurrant	[redkaren]
blackcurrant	blackcurrant	[bleʔkaren]
gooseberry	buah arbei hijau	[buah arbei hidʒʲau]
bilberry	buah bilberi	[buah bilberi]
blackberry	beri hitam	[beri hitam]

raisin	kismis	[kismis]
fig	buah ara	[buah ara]
date	buah kurma	[buah kurma]

peanut	kacang tanah	[katʃaŋ tanah]
almond	badam	[badam]
walnut	buah walnut	[buah walnut]
hazelnut	kacang hazel	[katʃaŋ hazel]
coconut	buah kelapa	[buah kelapa]
pistachios	badam hijau	[badam hidʒʲau]

39. Bread. Candy

bakers' confectionery (pastry)	kue-mue	[kue-mue]
bread	roti	[roti]
cookies	biskuit	[biskuit]

chocolate (n)	cokelat	[tʃokelat]
chocolate (as adj)	cokelat	[tʃokelat]
candy (wrapped)	permen	[permen]

cake (e.g., cupcake)	**kue**	[kue]
cake (e.g., birthday ~)	**kue tar**	[kue tar]
pie (e.g., apple ~)	**pai**	[pai]
filling (for cake, pie)	**inti**	[inti]
jam (whole fruit jam)	**selai buah utuh**	[selaj buah utuh]
marmalade	**marmelade**	[marmelade]
waffles	**wafel**	[wafel]
ice-cream	**es krim**	[es krim]
pudding	**puding**	[pudiŋ]

40. Cooked dishes

course, dish	**masakan, hidangan**	[masakan], [hidaŋan]
cuisine	**masakan**	[masakan]
recipe	**resep**	[resep]
portion	**porsi**	[porsi]
salad	**salada**	[salada]
soup	**sup**	[sup]
clear soup (broth)	**kaldu**	[kaldu]
sandwich (bread)	**roti lapis**	[roti lapis]
fried eggs	**telur mata sapi**	[telur mata sapi]
hamburger (beefburger)	**hamburger**	[hamburger]
beefsteak	**bistik**	[bistiʔ]
side dish	**lauk**	[lauʔ]
spaghetti	**spageti**	[spageti]
mashed potatoes	**kentang tumbuk**	[kentaŋ tumbuʔ]
pizza	**piza**	[piza]
porridge (oatmeal, etc.)	**bubur**	[bubur]
omelet	**telur dadar**	[telur dadar]
boiled (e.g., ~ beef)	**rebus**	[rebus]
smoked (adj)	**asap**	[asap]
fried (adj)	**goreng**	[goreŋ]
dried (adj)	**kering**	[keriŋ]
frozen (adj)	**beku**	[beku]
pickled (adj)	**marinade**	[marinade]
sweet (sugary)	**manis**	[manis]
salty (adj)	**asin**	[asin]
cold (adj)	**dingin**	[diŋin]
hot (adj)	**panas**	[panas]
bitter (adj)	**pahit**	[pahit]
tasty (adj)	**enak**	[enaʔ]
to cook in boiling water	**merebus**	[merebus]

to cook (dinner)	**memasak**	[memasaʔ]
to fry (vt)	**menggoreng**	[məŋgoreŋ]
to heat up (food)	**memanaskan**	[memanaskan]
to salt (vt)	**menggarami**	[məŋgarami]
to pepper (vt)	**membubuh merica**	[membubuh meritʃa]
to grate (vt)	**memarut**	[memarut]
peel (n)	**kulit**	[kulit]
to peel (vt)	**mengupas**	[məŋupas]

41. Spices

salt	**garam**	[garam]
salty (adj)	**asin**	[asin]
to salt (vt)	**menggarami**	[məŋgarami]
black pepper	**merica**	[meritʃa]
red pepper (milled ~)	**cabai merah**	[tʃabaj merah]
mustard	**mustar**	[mustar]
horseradish	**lobak pedas**	[lobaʔ pedas]
condiment	**bumbu**	[bumbu]
spice	**rempah-rempah**	[rempah-rempah]
sauce	**saus**	[saus]
vinegar	**cuka**	[tʃuka]
anise	**adas manis**	[adas manis]
basil	**selasih**	[selasih]
cloves	**cengkih**	[tʃeŋkih]
ginger	**jahe**	[dʒʲahe]
coriander	**ketumbar**	[ketumbar]
cinnamon	**kayu manis**	[kaju manis]
sesame	**wijen**	[widʒʲen]
bay leaf	**daun salam**	[daun salam]
paprika	**cabai**	[tʃabaj]
caraway	**jintan**	[dʒintan]
saffron	**kuma-kuma**	[kuma-kuma]

42. Meals

food	**makanan**	[makanan]
to eat (vi, vt)	**makan**	[makan]
breakfast	**makan pagi, sarapan**	[makan pagi], [sarapan]
to have breakfast	**sarapan**	[sarapan]
lunch	**makan siang**	[makan siaŋ]
to have lunch	**makan siang**	[makan siaŋ]

dinner	**makan malam**	[makan malam]
to have dinner	**makan malam**	[makan malam]
appetite	**nafsu makan**	[nafsu makan]
Enjoy your meal!	**Selamat makan!**	[selamat makan!]
to open (~ a bottle)	**membuka**	[membuka]
to spill (liquid)	**menumpahkan**	[mənumpahkan]
to boil (vi)	**mendidih**	[məndidih]
to boil (vt)	**mendidihkan**	[məndidihkan]
boiled (~ water)	**masak**	[masaʔ]
to chill, cool down (vt)	**mendinginkan**	[məndiŋinkan]
to chill (vi)	**mendingin**	[məndiŋin]
taste, flavor	**rasa**	[rasa]
aftertaste	**nuansa rasa**	[nuansa rasa]
to slim down (lose weight)	**berdiet**	[berdiet]
diet	**diet, pola makan**	[diet], [pola makan]
vitamin	**vitamin**	[vitamin]
calorie	**kalori**	[kalori]
vegetarian (n)	**vegetarian**	[vegetarian]
vegetarian (adj)	**vegetarian**	[vegetarian]
fats (nutrient)	**lemak**	[lemaʔ]
proteins	**protein**	[protein]
carbohydrates	**karbohidrat**	[karbohidrat]
slice (of lemon, ham)	**irisan**	[irisan]
piece (of cake, pie)	**potongan**	[potoŋan]
crumb (of bread, cake, etc.)	**remah**	[remah]

43. Table setting

spoon	**sendok**	[sendoʔ]
knife	**pisau**	[pisau]
fork	**garpu**	[garpu]
cup (e.g., coffee ~)	**cangkir**	[tʃaŋkir]
plate (dinner ~)	**piring**	[piriŋ]
saucer	**alas cangkir**	[alas tʃaŋkir]
napkin (on table)	**serbet**	[serbet]
toothpick	**tusuk gigi**	[tusuʔ gigi]

44. Restaurant

restaurant	**restoran**	[restoran]
coffee house	**warung kopi**	[waruŋ kopi]

pub, bar	**bar**	[bar]
tearoom	**warung teh**	[waruŋ teh]
waiter	**pelayan lelaki**	[pelajan lelaki]
waitress	**pelayan perempuan**	[pelajan pərempuan]
bartender	**pelayan bar**	[pelajan bar]
menu	**menu**	[menu]
wine list	**daftar anggur**	[daftar aŋgur]
to book a table	**memesan meja**	[memesan medʒia]
course, dish	**masakan, hidangan**	[masakan], [hidaŋan]
to order (meal)	**memesan**	[memesan]
to make an order	**memesan**	[memesan]
aperitif	**aperitif**	[aperitif]
appetizer	**makanan ringan**	[makanan riŋan]
dessert	**hidangan penutup**	[hidaŋan penutup]
check	**bon**	[bon]
to pay the check	**membayar bon**	[membajar bon]
to give change	**memberikan uang kembalian**	[memberikan uaŋ kembalian]
tip	**tip**	[tip]

Family, relatives and friends

45. Personal information. Forms

name (first name)	**nama, nama depan**	[nama], [nama depan]
surname (last name)	**nama keluarga**	[nama keluarga]
date of birth	**tanggal lahir**	[taŋgal lahir]
place of birth	**tempat lahir**	[tempat lahir]
nationality	**kebangsaan**	[kebaŋsa'an]
place of residence	**tempat tinggal**	[tempat tiŋgal]
country	**negara, negeri**	[negara], [negeri]
profession (occupation)	**profesi**	[profesi]
gender, sex	**jenis kelamin**	[dʒʲenis kelamin]
height	**tinggi badan**	[tiŋgi badan]
weight	**berat**	[berat]

46. Family members. Relatives

mother	**ibu**	[ibu]
father	**ayah**	[ajah]
son	**anak lelaki**	[ana' lelaki]
daughter	**anak perempuan**	[ana' perempuan]
younger daughter	**anak perempuan bungsu**	[ana' perempuan buŋsu]
younger son	**anak lelaki bungsu**	[ana' lelaki buŋsu]
eldest daughter	**anak perempuan sulung**	[ana' perempuan suluŋ]
eldest son	**anak lelaki sulung**	[ana' lelaki suluŋ]
brother	**saudara lelaki**	[saudara lelaki]
elder brother	**kakak lelaki**	[kaka' lelaki]
younger brother	**adik lelaki**	[adi' lelaki]
sister	**saudara perempuan**	[saudara perempuan]
elder sister	**kakak perempuan**	[kaka' perempuan]
younger sister	**adik perempuan**	[adi' perempuan]
cousin (masc.)	**sepupu lelaki**	[sepupu lelaki]
cousin (fem.)	**sepupu perempuan**	[sepupu perempuan]
mom, mommy	**mama, ibu**	[mama], [ibu]
dad, daddy	**papa, ayah**	[papa], [ajah]
parents	**orang tua**	[oraŋ tua]
child	**anak**	[ana']

children	**anak-anak**	[ana'-ana']
grandmother	**nenek**	[nene']
grandfather	**kakek**	[kake']
grandson	**cucu laki-laki**	[ʧuʧu laki-laki]
granddaughter	**cucu perempuan**	[ʧuʧu perempuan]
grandchildren	**cucu**	[ʧuʧu]

uncle	**paman**	[paman]
aunt	**bibi**	[bibi]
nephew	**keponakan laki-laki**	[keponakan laki-laki]
niece	**keponakan perempuan**	[keponakan perempuan]

mother-in-law (wife's mother)	**ibu mertua**	[ibu mertua]
father-in-law (husband's father)	**ayah mertua**	[ajah mertua]
son-in-law (daughter's husband)	**menantu laki-laki**	[menantu laki-laki]
stepmother	**ibu tiri**	[ibu tiri]
stepfather	**ayah tiri**	[ajah tiri]

infant	**bayi**	[baji]
baby (infant)	**bayi**	[baji]
little boy, kid	**bocah cilik**	[boʧah ʧili']

wife	**istri**	[istri]
husband	**suami**	[suami]
spouse (husband)	**suami**	[suami]
spouse (wife)	**istri**	[istri]

married (masc.)	**menikah, beristri**	[menikah], [beristri]
married (fem.)	**menikah, bersuami**	[menikah], [bersuami]
single (unmarried)	**bujang**	[budʒʲaŋ]
bachelor	**bujang**	[budʒʲaŋ]
divorced (masc.)	**bercerai**	[berʧeraj]
widow	**janda**	[dʒʲanda]
widower	**duda**	[duda]

relative	**kerabat**	[kerabat]
close relative	**kerabat dekat**	[kerabat dekat]
distant relative	**kerabat jauh**	[kerabat dʒʲauh]
relatives	**kerabat, sanak saudara**	[kerabat], [sana' saudara]

orphan (boy or girl)	**yatim piatu**	[yatim piatu]
guardian (of a minor)	**wali**	[wali]
to adopt (a boy)	**mengadopsi**	[meŋadopsi]
to adopt (a girl)	**mengadopsi**	[meŋadopsi]

Medicine

47. Diseases

sickness	**penyakit**	[penjakit]
to be sick	**sakit**	[sakit]
health	**kesehatan**	[kesehatan]
runny nose (coryza)	**hidung meler**	[hiduŋ meler]
tonsillitis	**radang tonsil**	[radaŋ tonsil]
cold (illness)	**pilek, selesma**	[pilek], [selesma]
to catch a cold	**masuk angin**	[masuʔ aŋin]
bronchitis	**bronkitis**	[bronkitis]
pneumonia	**radang paru-paru**	[radaŋ paru-paru]
flu, influenza	**flu**	[flu]
nearsighted (adj)	**rabun jauh**	[rabun dʒʲauh]
farsighted (adj)	**rabun dekat**	[rabun dekat]
strabismus (crossed eyes)	**mata juling**	[mata dʒʲuliŋ]
cross-eyed (adj)	**bermata juling**	[bermata dʒʲuliŋ]
cataract	**katarak**	[kataraʔ]
glaucoma	**glaukoma**	[glaukoma]
stroke	**stroke**	[stroke]
heart attack	**infark**	[infarʔ]
myocardial infarction	**serangan jantung**	[seraŋan dʒʲantuŋ]
paralysis	**kelumpuhan**	[kelumpuhan]
to paralyze (vt)	**melumpuhkan**	[melumpuhkan]
allergy	**alergi**	[alergi]
asthma	**asma**	[asma]
diabetes	**diabetes**	[diabetes]
toothache	**sakit gigi**	[sakit gigi]
caries	**karies**	[karies]
diarrhea	**diare**	[diare]
constipation	**konstipasi, sembelit**	[konstipasi], [sembelit]
stomach upset	**gangguan pencernaan**	[gaŋuan pentʃarnaʔan]
food poisoning	**keracunan makanan**	[keratʃunan makanan]
to get food poisoning	**keracunan makanan**	[keratʃunan makanan]
arthritis	**artritis**	[artritis]
rickets	**rakitis**	[rakitis]
rheumatism	**rematik**	[rematiʔ]

English	Indonesian	Pronunciation
atherosclerosis	**aterosklerosis**	[aterosklerosis]
gastritis	**radang perut**	[radaŋ pərut]
appendicitis	**apendisitis**	[apendisitis]
cholecystitis	**radang pundi empedu**	[radaŋ pundi empedu]
ulcer	**tukak lambung**	[tuka' lambuŋ]
measles	**penyakit campak**	[penjakit tʃampa']
rubella (German measles)	**penyakit campak Jerman**	[penjakit tʃampa' dʒʲerman]
jaundice	**sakit kuning**	[sakit kuniŋ]
hepatitis	**hepatitis**	[hepatitis]
schizophrenia	**skizofrenia**	[skizofrenia]
rabies (hydrophobia)	**rabies**	[rabies]
neurosis	**neurosis**	[neurosis]
concussion	**gegar otak**	[gegar ota']
cancer	**kanker**	[kanker]
sclerosis	**sklerosis**	[sklerosis]
multiple sclerosis	**sklerosis multipel**	[sklerosis multipel]
alcoholism	**alkoholisme**	[alkoholisme]
alcoholic (n)	**alkoholik**	[alkoholi']
syphilis	**sifilis**	[sifilis]
AIDS	**AIDS**	[ajds]
tumor	**tumor**	[tumor]
malignant (adj)	**ganas**	[ganas]
benign (adj)	**jinak**	[dʒina']
fever	**demam**	[demam]
malaria	**malaria**	[malaria]
gangrene	**gangren**	[gaŋren]
seasickness	**mabuk laut**	[mabu' laut]
epilepsy	**epilepsi**	[epilepsi]
epidemic	**epidemi**	[epidemi]
typhus	**tifus**	[tifus]
tuberculosis	**tuberkulosis**	[tuberkulosis]
cholera	**kolera**	[kolera]
plague (bubonic ~)	**penyakit pes**	[penjakit pes]

48. Symptoms. Treatments. Part 1

English	Indonesian	Pronunciation
symptom	**gejala**	[gedʒʲala]
temperature	**temperatur, suhu**	[temperatur], [suhu]
high temperature (fever)	**temperatur tinggi**	[temperatur tiŋgi]
pulse	**denyut nadi**	[denyut nadi]
dizziness (vertigo)	**rasa pening**	[rasa peniŋ]
hot (adj)	**panas**	[panas]

| shivering | menggigil | [məŋgigil] |
| pale (e.g., ~ face) | pucat | [putʃat] |

cough	batuk	[batuʔ]
to cough (vi)	batuk	[batuʔ]
to sneeze (vi)	bersin	[bersin]
faint	pingsan	[piŋsan]
to faint (vi)	jatuh pingsan	[dʒjatuh piŋsan]

bruise (hématome)	luka memar	[luka memar]
bump (lump)	bengkak	[beŋkaʔ]
to bang (bump)	terantuk	[tərantuʔ]
contusion (bruise)	luka memar	[luka memar]
to get a bruise	kena luka memar	[kena luka memar]

to limp (vi)	pincang	[pintʃaŋ]
dislocation	keseleo	[keseleo]
to dislocate (vt)	keseleo	[keseleo]
fracture	fraktura, patah tulang	[fraktura], [patah tulaŋ]
to have a fracture	patah tulang	[patah tulaŋ]

cut (e.g., paper ~)	teriris	[təriris]
to cut oneself	teriris	[təriris]
bleeding	perdarahan	[pərdarahan]

| burn (injury) | luka bakar | [luka bakar] |
| to get burned | menderita luka bakar | [mənderita luka bakar] |

to prick (vt)	menusuk	[mənusuʔ]
to prick oneself	tertusuk	[tərtusuʔ]
to injure (vt)	melukai	[melukaj]
injury	cedera	[tʃedera]
wound	luka	[luka]
trauma	trauma	[trauma]

to be delirious	mengigau	[məɲigau]
to stutter (vi)	gagap	[gagap]
sunstroke	sengatan matahari	[seŋatan matahari]

49. Symptoms. Treatments. Part 2

| pain, ache | sakit | [sakit] |
| splinter (in foot, etc.) | selumbar | [selumbar] |

sweat (perspiration)	keringat	[keriŋat]
to sweat (perspire)	berkeringat	[bərkeriŋat]
vomiting	muntah	[muntah]
convulsions	kram	[kram]
pregnant (adj)	hamil	[hamil]
to be born	lahir	[lahir]

English	Indonesian	Pronunciation
delivery, labor	**persalinan**	[pərsalinan]
to deliver (~ a baby)	**melahirkan**	[melahirkan]
abortion	**aborsi**	[aborsi]
breathing, respiration	**pernapasan**	[pərnapasan]
in-breath (inhalation)	**tarikan napas**	[tarikan napas]
out-breath (exhalation)	**napas keluar**	[napas keluar]
to exhale (breathe out)	**mengembuskan napas**	[məŋembuskan napas]
to inhale (vi)	**menarik napas**	[mənariʔ napas]
disabled person	**penderita cacat**	[penderita tʃatʃat]
cripple	**penderita cacat**	[penderita tʃatʃat]
drug addict	**pecandu narkoba**	[petʃandu narkoba]
deaf (adj)	**tunarungu**	[tunaruŋu]
mute (adj)	**tunawicara**	[tunawitʃara]
deaf mute (adj)	**tunarungu-wicara**	[tunaruŋu-witʃara]
mad, insane (adj)	**gila**	[gila]
madman (demented person)	**lelaki gila**	[lelaki gila]
madwoman	**perempuan gila**	[pərempuan gila]
to go insane	**menggila**	[məŋgila]
gene	**gen**	[gen]
immunity	**imunitas**	[imunitas]
hereditary (adj)	**turun-temurun**	[turun-temurun]
congenital (adj)	**bawaan**	[bawaʔan]
virus	**virus**	[virus]
microbe	**mikroba**	[mikroba]
bacterium	**bakteri**	[bakteri]
infection	**infeksi**	[infeksi]

50. Symptoms. Treatments. Part 3

English	Indonesian	Pronunciation
hospital	**rumah sakit**	[rumah sakit]
patient	**pasien**	[pasien]
diagnosis	**diagnosis**	[diagnosis]
cure	**perawatan**	[pərawatan]
medical treatment	**pengobatan medis**	[peŋobatan medis]
to get treatment	**berobat**	[bərobat]
to treat (~ a patient)	**merawat**	[merawat]
to nurse (look after)	**merawat**	[merawat]
care (nursing ~)	**pengasuhan**	[peŋasuhan]
operation, surgery	**operasi, pembedahan**	[operasi], [pembedahan]
to bandage (head, limb)	**membalut**	[membalut]
bandaging	**pembalutan**	[pembalutan]

English	Indonesian	Pronunciation
vaccination	vaksinasi	[vaksinasi]
to vaccinate (vt)	memvaksinasi	[memvaksinasi]
injection, shot	suntikan	[suntikan]
to give an injection	menyuntik	[mənyunti']
attack	serangan	[seraŋan]
amputation	amputasi	[amputasi]
to amputate (vt)	mengamputasi	[məŋamputasi]
coma	koma	[koma]
to be in a coma	dalam keadaan koma	[dalam keada'an koma]
intensive care	perawatan intensif	[pərawatan intensif]
to recover (~ from flu)	sembuh	[sembuh]
condition (patient's ~)	keadaan	[keada'an]
consciousness	kesadaran	[kesadaran]
memory (faculty)	memori, daya ingat	[memori], [daja iŋat]
to pull out (tooth)	mencabut	[mentʃabut]
filling	tambalan	[tambalan]
to fill (a tooth)	menambal	[mənambal]
hypnosis	hipnosis	[hipnosis]
to hypnotize (vt)	menghipnosis	[məŋhipnosis]

51. Doctors

English	Indonesian	Pronunciation
doctor	dokter	[dokter]
nurse	suster, juru rawat	[suster], [dʒʲuru rawat]
personal doctor	dokter pribadi	[dokter pribadi]
dentist	dokter gigi	[dokter gigi]
eye doctor	dokter mata	[dokter mata]
internist	ahli penyakit dalam	[ahli penjakit dalam]
surgeon	dokter bedah	[dokter bedah]
psychiatrist	psikiater	[psikiater]
pediatrician	dokter anak	[dokter ana']
psychologist	psikolog	[psikolog]
gynecologist	ginekolog	[ginekolog]
cardiologist	kardiolog	[kardiolog]

52. Medicine. Drugs. Accessories

English	Indonesian	Pronunciation
medicine, drug	obat	[obat]
remedy	obat	[obat]
to prescribe (vt)	meresepkan	[meresepkan]
prescription	resep	[resep]
tablet, pill	pil, tablet	[pil], [tablet]

ointment	**salep**	[salep]
ampule	**ampul**	[ampul]
mixture	**obat cair**	[obat tʃajr]
syrup	**sirop**	[sirop]
pill	**pil**	[pil]
powder	**bubuk**	[bubuʔ]
gauze bandage	**perban**	[perban]
cotton wool	**kapas**	[kapas]
iodine	**iodium**	[iodium]
Band-Aid	**plester obat**	[plester obat]
eyedropper	**tetes mata**	[tetes mata]
thermometer	**termometer**	[tərmometər]
syringe	**alat suntik**	[alat suntiʔ]
wheelchair	**kursi roda**	[kursi roda]
crutches	**kruk**	[kruʔ]
painkiller	**obat bius**	[obat bius]
laxative	**laksatif, obat pencuci perut**	[laksatif], [obat pentʃutʃi pərut]
spirits (ethanol)	**spiritus, alkohol**	[spiritus], [alkohol]
medicinal herbs	**tanaman obat**	[tanaman obat]
herbal (~ tea)	**herbal**	[herbal]

HUMAN HABITAT

City

53. City. Life in the city

city, town	**kota**	[kota]
capital city	**ibu kota**	[ibu kota]
village	**desa**	[desa]
city map	**peta kota**	[peta kota]
downtown	**pusat kota**	[pusat kota]
suburb	**pinggir kota**	[piŋgir kota]
suburban (adj)	**pinggir kota**	[piŋgir kota]
outskirts	**pinggir**	[piŋgir]
environs (suburbs)	**daerah sekitarnya**	[daerah sekitarnja]
city block	**blok**	[blo']
residential block (area)	**blok perumahan**	[blo' pərumahan]
traffic	**lalu lintas**	[lalu lintas]
traffic lights	**lampu lalu lintas**	[lampu lalu lintas]
public transportation	**angkot**	[aŋkot]
intersection	**persimpangan**	[pərsimpaŋan]
crosswalk	**penyeberangan**	[penjeberaŋan]
pedestrian underpass	**terowongan penyeberangan**	[tərowoŋan penjeberaŋan]
to cross (~ the street)	**menyeberang**	[mənjeberaŋ]
pedestrian	**pejalan kaki**	[pedʒʲalan kaki]
sidewalk	**trotoar**	[trotoar]
bridge	**jembatan**	[dʒʲembatan]
embankment (river walk)	**tepi sungai**	[tepi suŋaj]
fountain	**air mancur**	[air mantʃur]
allée (garden walkway)	**jalan kecil**	[dʒʲalan ketʃil]
park	**taman**	[taman]
boulevard	**bulevar, adimarga**	[bulevar], [adimarga]
square	**lapangan**	[lapaŋan]
avenue (wide street)	**jalan raya**	[dʒʲalan raja]
street	**jalan**	[dʒʲalan]
side street	**gang**	[gaŋ]
dead end	**jalan buntu**	[dʒʲalan buntu]
house	**rumah**	[rumah]

English	Indonesian	Pronunciation
building	**gedung**	[geduŋ]
skyscraper	**pencakar langit**	[pentʃakar laŋit]
facade	**bagian depan**	[bagian depan]
roof	**atap**	[atap]
window	**jendela**	[dʒʲendela]
arch	**lengkungan**	[leŋkuŋan]
column	**pilar**	[pilar]
corner	**sudut**	[sudut]
store window	**etalase**	[etalase]
signboard (store sign, etc.)	**papan nama**	[papan nama]
poster	**poster**	[poster]
advertising poster	**poster iklan**	[poster iklan]
billboard	**papan iklan**	[papan iklan]
garbage, trash	**sampah**	[sampah]
trashcan (public ~)	**tong sampah**	[toŋ sampah]
to litter (vi)	**menyampah**	[meɲampah]
garbage dump	**tempat pemrosesan akhir (TPA)**	[tempat pemrosesan ahir]
phone booth	**gardu telepon umum**	[gardu telepon umum]
lamppost	**tiang lampu**	[tiaŋ lampu]
bench (park ~)	**bangku**	[baŋku]
police officer	**polisi**	[polisi]
police	**polisi, kepolisian**	[polisi], [kepolisian]
beggar	**pengemis**	[peŋemis]
homeless (n)	**tuna wisma**	[tuna wisma]

54. Urban institutions

English	Indonesian	Pronunciation
store	**toko**	[toko]
drugstore, pharmacy	**apotek, toko obat**	[apotek], [toko obat]
eyeglass store	**optik**	[optiʔ]
shopping mall	**toserba**	[toserba]
supermarket	**pasar swalayan**	[pasar swalajan]
bakery	**toko roti**	[toko roti]
baker	**pembuat roti**	[pembuat roti]
pastry shop	**toko kue**	[toko kue]
grocery store	**toko pangan**	[toko paŋan]
butcher shop	**toko daging**	[toko dagiŋ]
produce store	**toko sayur**	[toko sajur]
market	**pasar**	[pasar]
coffee house	**warung kopi**	[waruŋ kopi]
restaurant	**restoran**	[restoran]

| pub, bar | kedai bir | [kedaj bir] |
| pizzeria | kedai piza | [kedaj piza] |

hair salon	salon rambut	[salon rambut]
post office	kantor pos	[kantor pos]
dry cleaners	penatu kimia	[penatu kimia]
photo studio	studio foto	[studio foto]

shoe store	toko sepatu	[toko sepatu]
bookstore	toko buku	[toko buku]
sporting goods store	toko alat olahraga	[toko alat olahraga]

clothes repair shop	reparasi pakaian	[reparasi pakajan]
formal wear rental	rental pakaian	[rental pakajan]
video rental store	rental film	[rental film]
circus	sirkus	[sirkus]
zoo	kebun binatang	[kebun binataŋ]
movie theater	bioskop	[bioskop]
museum	museum	[museum]
library	perpustakaan	[pərpustakaʔan]

theater	teater	[teater]
opera (opera house)	opera	[opera]
nightclub	klub malam	[klub malam]
casino	kasino	[kasino]

mosque	masjid	[masdʒid]
synagogue	sinagoga, kanisah	[sinagoga], [kanisah]
cathedral	katedral	[katedral]
temple	kuil, candi	[kuil], [tʃandi]
church	gereja	[geredʒʲa]

college	institut, perguruan tinggi	[institut], [pərguruan tiŋgi]
university	universitas	[universitas]
school	sekolah	[sekolah]

prefecture	prefektur, distrik	[prefektur], [distriʔ]
city hall	balai kota	[balaj kota]
hotel	hotel	[hotel]
bank	bank	[banʔ]

embassy	kedutaan besar	[kedutaʔan besar]
travel agency	kantor pariwisata	[kantor pariwisata]
information office	kantor penerangan	[kantor peneraŋan]
currency exchange	kantor penukaran uang	[kantor penukaran uaŋ]

| subway | kereta api bawah tanah | [kereta api bawah tanah] |
| hospital | rumah sakit | [rumah sakit] |

| gas station | SPBU, stasiun bensin | [es-pe-be-u], [stasjun bensin] |
| parking lot | tempat parkir | [tempat parkir] |

55. Signs

signboard (store sign, etc.)	**papan nama**	[papan nama]
notice (door sign, etc.)	**tulisan**	[tulisan]
poster	**poster**	[poster]
direction sign	**penunjuk arah**	[penundʒʲuʔ arah]
arrow (sign)	**anak panah**	[anaʔ panah]
caution	**peringatan**	[pəriŋatan]
warning sign	**tanda peringatan**	[tanda pəriŋatan]
to warn (vt)	**memperingatkan**	[məmpəriŋatkan]
rest day (weekly ~)	**hari libur**	[hari libur]
timetable (schedule)	**jadwal**	[dʒʲadwal]
opening hours	**jam buka**	[dʒʲam buka]
WELCOME!	**SELAMAT DATANG!**	[selamat dataŋ!]
ENTRANCE	**MASUK**	[masuʔ]
EXIT	**KELUAR**	[keluar]
PUSH	**DORONG**	[doroŋ]
PULL	**TARIK**	[tariʔ]
OPEN	**BUKA**	[buka]
CLOSED	**TUTUP**	[tutup]
WOMEN	**WANITA**	[wanita]
MEN	**PRIA**	[pria]
DISCOUNTS	**DISKON**	[diskon]
SALE	**OBRAL**	[obral]
NEW!	**BARU!**	[baru!]
FREE	**GRATIS**	[gratis]
ATTENTION!	**PERHATIAN!**	[pərhatian!]
NO VACANCIES	**PENUH**	[penuh]
RESERVED	**DIRESERVASI**	[direservasi]
ADMINISTRATION	**ADMINISTRASI**	[administrasi]
STAFF ONLY	**KHUSUS STAF**	[husus staf]
BEWARE OF THE DOG!	**AWAS, ANJING GALAK!**	[awas], [andʒiŋ galaʔ!]
NO SMOKING	**DILARANG MEROKOK!**	[dilaraŋ merokoʔ!]
DO NOT TOUCH!	**JANGAN SENTUH!**	[dʒʲaŋan sentuh!]
DANGEROUS	**BERBAHAYA**	[bərbahaja]
DANGER	**BAHAYA**	[bahaja]
HIGH VOLTAGE	**TEGANGAN TINGGI**	[tegaŋan tiŋgi]
NO SWIMMING!	**DILARANG BERENANG!**	[dilaraŋ bərenaŋ!]
OUT OF ORDER	**RUSAK**	[rusaʔ]
FLAMMABLE	**BAHAN MUDAH TERBAKAR**	[bahan mudah tərbakar]

FORBIDDEN	**DILARANG**	[dilaraŋ]
NO TRESPASSING!	**DILARANG MASUK!**	[dilaraŋ masuʔ!]
WET PAINT	**AWAS CAT BASAH**	[awas tʃat basah]

56. Urban transportation

bus	**bus**	[bus]
streetcar	**trem**	[trem]
trolley bus	**bus listrik**	[bus listriʔ]
route (of bus, etc.)	**trayek**	[traeʔ]
number (e.g., bus ~)	**nomor**	[nomor]
to go by ...	**naik ...**	[naiʔ ...]
to get on (~ the bus)	**naik**	[naiʔ]
to get off ...	**turun ...**	[turun ...]
stop (e.g., bus ~)	**halte, pemberhentian**	[halte], [pemberhentian]
next stop	**halte berikutnya**	[halte bərikutnja]
terminus	**halte terakhir**	[halte tərahir]
schedule	**jadwal**	[dʒʲadwal]
to wait (vt)	**menunggu**	[mənuŋgu]
ticket	**tiket**	[tiket]
fare	**harga karcis**	[harga kartʃis]
cashier (ticket seller)	**kasir**	[kasir]
ticket inspection	**pemeriksaan tiket**	[pemeriksaʔan tiket]
ticket inspector	**kondektur**	[kondektur]
to be late (for ...)	**terlambat ...**	[tərlambat ...]
to miss (~ the train, etc.)	**ketinggalan**	[ketiŋgalan]
to be in a hurry	**tergesa-gesa**	[tərgesa-gesa]
taxi, cab	**taksi**	[taksi]
taxi driver	**sopir taksi**	[sopir taksi]
by taxi	**naik taksi**	[naiʔ taksi]
taxi stand	**pangkalan taksi**	[paŋkalan taksi]
to call a taxi	**memanggil taksi**	[memaŋgil taksi]
to take a taxi	**menaiki taksi**	[mənajki taksi]
traffic	**lalu lintas**	[lalu lintas]
traffic jam	**kemacetan lalu lintas**	[kematʃetan lalu lintas]
rush hour	**jam sibuk**	[dʒʲam sibuʔ]
to park (vi)	**parkir**	[parkir]
to park (vt)	**memarkir**	[memarkir]
parking lot	**tempat parkir**	[tempat parkir]
subway	**kereta api bawah tanah**	[kereta api bawah tanah]
station	**stasiun**	[stasiun]
to take the subway	**naik kereta api bawah tanah**	[naiʔ kereta api bawah tanah]

| train | **kereta api** | [kereta api] |
| train station | **stasiun kereta api** | [stasiun kereta api] |

57. Sightseeing

monument	**monumen, patung**	[monumen], [patuŋ]
fortress	**benteng**	[benteŋ]
palace	**istana**	[istana]
castle	**kastil**	[kastil]
tower	**menara**	[mənara]
mausoleum	**mausoleum**	[mausoleum]

architecture	**arsitektur**	[arsitektur]
medieval (adj)	**abad pertengahan**	[abad pərteŋahan]
ancient (adj)	**kuno**	[kuno]
national (adj)	**nasional**	[nasional]
famous (monument, etc.)	**terkenal**	[tərkenal]

tourist	**turis, wisatawan**	[turis], [wisatawan]
guide (person)	**pemandu wisata**	[pemandu wisata]
excursion, sightseeing tour	**ekskursi**	[ekskursi]
to show (vt)	**menunjukkan**	[mənundʒʲuʔkan]
to tell (vt)	**menceritakan**	[məntʃeritakan]

to find (vt)	**mendapatkan**	[məndapatkan]
to get lost (lose one's way)	**tersesat**	[tərsesat]
map (e.g., subway ~)	**denah**	[denah]
map (e.g., city ~)	**peta**	[peta]

souvenir, gift	**suvenir**	[suvenir]
gift shop	**toko suvenir**	[toko suvenir]
to take pictures	**memotret**	[memotret]
to have one's picture taken	**berfoto**	[bərfoto]

58. Shopping

to buy (purchase)	**membeli**	[membeli]
purchase	**belanjaan**	[belandʒʲaʔan]
to go shopping	**berbelanja**	[bərbelandʒʲa]
shopping	**berbelanja**	[bərbelandʒʲa]

| to be open (ab. store) | **buka** | [buka] |
| to be closed | **tutup** | [tutup] |

footwear, shoes	**sepatu**	[sepatu]
clothes, clothing	**pakaian**	[pakajan]
cosmetics	**kosmetik**	[kosmetiʔ]
food products	**produk makanan**	[produʔ makanan]

gift, present	**hadiah**	[hadiah]
salesman	**pramuniaga**	[pramuniaga]
saleswoman	**pramuniaga perempuan**	[pramuniaga pərempuan]
check out, cash desk	**kas**	[kas]
mirror	**cermin**	[tʃermin]
counter (store ~)	**konter**	[konter]
fitting room	**kamar pas**	[kamar pas]
to try on	**mengepas**	[məŋepas]
to fit (ab. dress, etc.)	**pas, cocok**	[pas], [tʃotʃoʔ]
to like (I like ...)	**suka**	[suka]
price	**harga**	[harga]
price tag	**label harga**	[label harga]
to cost (vt)	**berharga**	[bərharga]
How much?	**Berapa?**	[bərapa?]
discount	**diskon**	[diskon]
inexpensive (adj)	**tidak mahal**	[tidaʔ mahal]
cheap (adj)	**murah**	[murah]
expensive (adj)	**mahal**	[mahal]
It's expensive	**Ini mahal**	[ini mahal]
rental (n)	**rental, persewaan**	[rental], [pərsewaʔan]
to rent (~ a tuxedo)	**menyewa**	[mənjewa]
credit (trade credit)	**kredit**	[kredit]
on credit (adv)	**secara kredit**	[setʃara kredit]

59. Money

money	**uang**	[uaŋ]
currency exchange	**pertukaran mata uang**	[pərtukaran mata uaŋ]
exchange rate	**nilai tukar**	[nilaj tukar]
ATM	**Anjungan Tunai Mandiri, ATM**	[andʒʲuŋan tunaj mandiri], [a-te-em]
coin	**koin**	[koin]
dollar	**dolar**	[dolar]
euro	**euro**	[euro]
lira	**lira**	[lira]
Deutschmark	**Mark Jerman**	[marʔ dʒʲerman]
franc	**franc**	[frantʃ]
pound sterling	**poundsterling**	[paundsterliŋ]
yen	**yen**	[yen]
debt	**utang**	[utaŋ]
debtor	**pengutang**	[peŋutaŋ]
to lend (money)	**meminjamkan**	[memindʒʲamkan]

to borrow (vi, vt)	**meminjam**	[memindʒam]
bank	**bank**	[banʔ]
account	**rekening**	[rekeniŋ]
to deposit (vt)	**memasukkan**	[memasuʔkan]
to deposit into the account	**memasukkan ke rekening**	[memasuʔkan ke rekeniŋ]
to withdraw (vt)	**menarik uang**	[mənariʔ uaŋ]
credit card	**kartu kredit**	[kartu kredit]
cash	**uang kontan, uang tunai**	[uaŋ kontan], [uaŋ tunaj]
check	**cek**	[ʧeʔ]
to write a check	**menulis cek**	[mənulis ʧeʔ]
checkbook	**buku cek**	[buku ʧeʔ]
wallet	**dompet**	[dompet]
change purse	**dompet, pundi-pundi**	[dompet], [pundi-pundi]
safe	**brankas**	[brankas]
heir	**pewaris**	[pewaris]
inheritance	**warisan**	[warisan]
fortune (wealth)	**kekayaan**	[kekajaʔan]
lease	**sewa**	[sewa]
rent (money)	**uang sewa**	[uaŋ sewa]
to rent (sth from sb)	**menyewa**	[mənjewa]
price	**harga**	[harga]
cost	**harga**	[harga]
sum	**jumlah**	[dʒumlah]
to spend (vt)	**menghabiskan**	[məŋhabiskan]
expenses	**ongkos**	[oŋkos]
to economize (vi, vt)	**menghemat**	[məŋhemat]
economical	**hemat**	[hemat]
to pay (vi, vt)	**membayar**	[membajar]
payment	**pembayaran**	[pembajaran]
change (give the ~)	**kembalian**	[kembalian]
tax	**pajak**	[padʒaʔ]
fine	**denda**	[denda]
to fine (vt)	**mendenda**	[mendenda]

60. Post. Postal service

post office	**kantor pos**	[kantor pos]
mail (letters, etc.)	**surat**	[surat]
mailman	**tukang pos**	[tukaŋ pos]
opening hours	**jam buka**	[dʒam buka]
letter	**surat**	[surat]

registered letter	**surat tercatat**	[surat tərtʃatat]
postcard	**kartu pos**	[kartu pos]
telegram	**telegram**	[telegram]
package (parcel)	**parsel, paket pos**	[parsel], [paket pos]
money transfer	**wesel pos**	[wesel pos]

to receive (vt)	**menerima**	[mənerima]
to send (vt)	**mengirim**	[məŋirim]
sending	**pengiriman**	[peŋiriman]

address	**alamat**	[alamat]
ZIP code	**kode pos**	[kode pos]
sender	**pengirim**	[peŋirim]
receiver	**penerima**	[penerima]

name (first name)	**nama**	[nama]
surname (last name)	**nama keluarga**	[nama keluarga]

postage rate	**tarif**	[tarif]
standard (adj)	**biasa, standar**	[biasa], [standar]
economical (adj)	**ekonomis**	[ekonomis]

weight	**berat**	[berat]
to weigh (~ letters)	**menimbang**	[mənimbaŋ]
envelope	**amplop**	[amplop]
postage stamp	**prangko**	[praŋko]
to stamp an envelope	**menempelkan prangko**	[mənempelkan praŋko]

Dwelling. House. Home

61. House. Electricity

electricity	**listrik**	[listriʔ]
light bulb	**bohlam**	[bohlam]
switch	**sakelar**	[sakelar]
fuse (plug fuse)	**sekring**	[sekriŋ]
cable, wire (electric ~)	**kabel, kawat**	[kabel], [kawat]
wiring	**rangkaian kabel**	[raŋkajan kabel]
electricity meter	**meteran listrik**	[meteran listriʔ]
readings	**pencatatan**	[pentʃatatan]

62. Villa. Mansion

country house	**rumah luar kota**	[rumah luar kota]
villa (seaside ~)	**vila**	[vila]
wing (~ of a building)	**sayap**	[sajap]
garden	**kebun**	[kebun]
park	**taman**	[taman]
tropical greenhouse	**rumah kaca**	[rumah katʃa]
to look after (garden, etc.)	**memelihara**	[memelihara]
swimming pool	**kolam renang**	[kolam renaŋ]
gym (home gym)	**gym**	[dʒim]
tennis court	**lapangan tenis**	[lapaŋan tenis]
home theater (room)	**bioskop rumah**	[bioskop rumah]
garage	**garasi**	[garasi]
private property	**milik pribadi**	[miliʔ pribadi]
private land	**tanah pribadi**	[tanah pribadi]
warning (caution)	**peringatan**	[pəriŋatan]
warning sign	**tanda peringatan**	[tanda pəriŋatan]
security	**keamanan**	[keamanan]
security guard	**satpam, pengawal**	[satpam], [peŋawal]
burglar alarm	**alarm antirampok**	[alarm antirampoʔ]

63. Apartment

apartment	**apartemen**	[apartemen]
room	**kamar**	[kamar]
bedroom	**kamar tidur**	[kamar tidur]
dining room	**ruang makan**	[ruaŋ makan]
living room	**ruang tamu**	[ruaŋ tamu]
study (home office)	**ruang kerja**	[ruaŋ kerdʒʲa]
entry room	**ruang depan**	[ruaŋ depan]
bathroom (room with a bath or shower)	**kamar mandi**	[kamar mandi]
half bath	**kamar kecil**	[kamar ketʃil]
ceiling	**plafon, langit-langit**	[plafon], [laŋit-laŋit]
floor	**lantai**	[lantaj]
corner	**sudut**	[sudut]

64. Furniture. Interior

furniture	**mebel**	[mebel]
table	**meja**	[medʒʲa]
chair	**kursi**	[kursi]
bed	**ranjang**	[randʒʲaŋ]
couch, sofa	**dipan**	[dipan]
armchair	**kursi malas**	[kursi malas]
bookcase	**lemari buku**	[lemari buku]
shelf	**rak**	[raʔ]
wardrobe	**lemari pakaian**	[lemari pakajan]
coat rack (wall-mounted ~)	**kapstok**	[kapstoʔ]
coat stand	**kapstok berdiri**	[kapstoʔ bərdiri]
bureau, dresser	**lemari laci**	[lemari latʃi]
coffee table	**meja kopi**	[medʒʲa kopi]
mirror	**cermin**	[tʃermin]
carpet	**permadani**	[pərmadani]
rug, small carpet	**karpet kecil**	[karpet ketʃil]
fireplace	**perapian**	[pərapian]
candle	**lilin**	[lilin]
candlestick	**kaki lilin**	[kaki lilin]
drapes	**gorden**	[gorden]
wallpaper	**kertas dinding**	[kertas dindiŋ]
blinds (jalousie)	**kerai**	[keraj]
table lamp	**lampu meja**	[lampu medʒʲa]

wall lamp (sconce)	**lampu dinding**	[lampu dindiŋ]
floor lamp	**lampu lantai**	[lampu lantaj]
chandelier	**lampu bercabang**	[lampu bərtʃabaŋ]

leg (of chair, table)	**kaki**	[kaki]
armrest	**lengan**	[leŋan]
back (backrest)	**sandaran**	[sandaran]
drawer	**laci**	[latʃi]

65. Bedding

bedclothes	**kain kasur**	[kain kasur]
pillow	**bantal**	[bantal]
pillowcase	**sarung bantal**	[saruŋ bantal]
duvet, comforter	**selimut**	[selimut]
sheet	**seprai**	[sepraj]
bedspread	**selubung kasur**	[selubuŋ kasur]

66. Kitchen

kitchen	**dapur**	[dapur]
gas	**gas**	[gas]
gas stove (range)	**kompor gas**	[kompor gas]
electric stove	**kompor listrik**	[kompor listriʔ]
oven	**oven**	[oven]
microwave oven	**microwave**	[majkrowav]

refrigerator	**lemari es, kulkas**	[lemari es], [kulkas]
freezer	**lemari pembeku**	[lemari pembeku]
dishwasher	**mesin pencuci piring**	[mesin pentʃutʃi piriŋ]

meat grinder	**alat pelumat daging**	[alat pelumat dagiŋ]
juicer	**mesin sari buah**	[mesin sari buah]
toaster	**alat pemanggang roti**	[alat pemaŋgaŋ roti]
mixer	**pencampur**	[pentʃampur]

coffee machine	**mesin pembuat kopi**	[mesin pembuat kopi]
coffee pot	**teko kopi**	[teko kopi]
coffee grinder	**mesin penggiling kopi**	[mesin peŋgiliŋ kopi]

kettle	**cerek**	[tʃereʔ]
teapot	**teko**	[teko]
lid	**tutup**	[tutup]
tea strainer	**saringan teh**	[sariŋan teh]

spoon	**sendok**	[sendoʔ]
teaspoon	**sendok teh**	[sendoʔ teh]
soup spoon	**sendok makan**	[sendoʔ makan]

fork	**garpu**	[garpu]
knife	**pisau**	[pisau]
tableware (dishes)	**piring mangkuk**	[piriŋ maŋkuʔ]
plate (dinner ~)	**piring**	[piriŋ]
saucer	**alas cangkir**	[alas tʃaŋkir]
shot glass	**seloki**	[seloki]
glass (tumbler)	**gelas**	[gelas]
cup	**cangkir**	[tʃaŋkir]
sugar bowl	**wadah gula**	[wadah gula]
salt shaker	**wadah garam**	[wadah garam]
pepper shaker	**wadah merica**	[wadah meritʃa]
butter dish	**wadah mentega**	[wadah mentega]
stock pot (soup pot)	**panci**	[pantʃi]
frying pan (skillet)	**kuali**	[kuali]
ladle	**sudu**	[sudu]
colander	**saringan**	[sariŋan]
tray (serving ~)	**talam**	[talam]
bottle	**botol**	[botol]
jar (glass)	**gelas**	[gelas]
can	**kaleng**	[kaleŋ]
bottle opener	**pembuka botol**	[pembuka botol]
can opener	**pembuka kaleng**	[pembuka kaleŋ]
corkscrew	**kotrek**	[kotreʔ]
filter	**saringan**	[sariŋan]
to filter (vt)	**saringan**	[sariŋan]
trash, garbage (food waste, etc.)	**sampah**	[sampah]
trash can (kitchen ~)	**tong sampah**	[toŋ sampah]

67. Bathroom

bathroom	**kamar mandi**	[kamar mandi]
water	**air**	[air]
faucet	**keran**	[keran]
hot water	**air panas**	[air panas]
cold water	**air dingin**	[air diŋin]
toothpaste	**pasta gigi**	[pasta gigi]
to brush one's teeth	**menggosok gigi**	[məŋgosoʔ gigi]
toothbrush	**sikat gigi**	[sikat gigi]
to shave (vi)	**bercukur**	[bərtʃukur]
shaving foam	**busa cukur**	[busa tʃukur]

razor	pisau cukur	[pisau tʃukur]
to wash (one's hands, etc.)	mencuci	[mentʃutʃi]
to take a bath	mandi	[mandi]
shower	pancuran	[pantʃuran]
to take a shower	mandi pancuran	[mandi pantʃuran]
bathtub	bak mandi	[ba' mandi]
toilet (toilet bowl)	kloset	[kloset]
sink (washbasin)	wastafel	[wastafel]
soap	sabun	[sabun]
soap dish	wadah sabun	[wadah sabun]
sponge	spons	[spons]
shampoo	sampo	[sampo]
towel	handuk	[handu']
bathrobe	jubah mandi	[dʒjubah mandi]
laundry (process)	pencucian	[pentʃutʃian]
washing machine	mesin cuci	[mesin tʃutʃi]
to do the laundry	mencuci	[mentʃutʃi]
laundry detergent	deterjen cuci	[deterdʒjen tʃutʃi]

68. Household appliances

TV set	pesawat TV	[pesawat ti-vi]
tape recorder	alat perekam	[alat perekam]
VCR (video recorder)	video, VCR	[vidio], [vi-si-er]
radio	radio	[radio]
player (CD, MP3, etc.)	pemutar	[pemutar]
video projector	proyektor video	[proektor video]
home movie theater	bioskop rumah	[bioskop rumah]
DVD player	pemutar DVD	[pemutar di-vi-di]
amplifier	penguat	[peŋuat]
video game console	konsol permainan video	[konsol permajnan video]
video camera	kamera video	[kamera video]
camera (photo)	kamera	[kamera]
digital camera	kamera digital	[kamera digital]
vacuum cleaner	pengisap debu	[peŋisap debu]
iron (e.g., steam ~)	setrika	[setrika]
ironing board	papan setrika	[papan setrika]
telephone	telepon	[telepon]
cell phone	ponsel	[ponsel]
typewriter	mesin ketik	[mesin keti']
sewing machine	mesin jahit	[mesin dʒjahit]
microphone	mikrofon	[mikrofon]

headphones	**headphone, fonkepala**	[headphone], [fonkepala]
remote control (TV)	**panel kendali**	[panel kendali]
CD, compact disc	**cakram kompak**	[tʃakram kompaʔ]
cassette, tape	**kaset**	[kaset]
vinyl record	**piringan hitam**	[piriŋan hitam]

HUMAN ACTIVITIES

Job. Business. Part 1

69. Office. Working in the office

office (company ~)	kantor	[kantor]
office (of director, etc.)	ruang kerja	[ruaŋ kerdʒʲa]
reception desk	resepsionis kantor	[resepsionis kantor]
secretary	sekretaris	[sekretaris]
secretary (fem.)	sekretaris	[sekretaris]
director	direktur	[direktur]
manager	manajer	[manadʒʲer]
accountant	akuntan	[akuntan]
employee	karyawan	[karjawan]
furniture	mebel	[mebel]
desk	meja	[medʒʲa]
desk chair	kursi malas	[kursi malas]
drawer unit	meja samping ranjang	[medʒʲa sampiŋ randʒʲaŋ]
coat stand	kapstok berdiri	[kapstoʔ berdiri]
computer	komputer	[komputer]
printer	printer, pencetak	[printer], [pentʃetaʔ]
fax machine	mesin faks	[mesin faks]
photocopier	mesin fotokopi	[mesin fotokopi]
paper	kertas	[kertas]
office supplies	alat tulis kantor	[alat tulis kantor]
mouse pad	bantal tetikus	[bantal tetikus]
sheet (of paper)	lembar	[lembar]
binder	map	[map]
catalog	katalog	[katalog]
phone directory	buku telepon	[buku telepon]
documentation	dokumentasi	[dokumentasi]
brochure (e.g., 12 pages ~)	brosur	[brosur]
leaflet (promotional ~)	selebaran	[selebaran]
sample	sampel, contoh	[sampel], [tʃontoh]
training meeting	latihan	[latihan]
meeting (of managers)	rapat	[rapat]
lunch time	waktu makan siang	[waktu makan siaŋ]

to make a copy	**membuat salinan**	[membuat salinan]
to make multiple copies	**memperbanyak**	[memperbanjaʔ]
to receive a fax	**menerima faks**	[mənerima faks]
to send a fax	**mengirim faks**	[məŋirim faks]

to call (by phone)	**menelepon**	[mənelepon]
to answer (vt)	**menjawab**	[məndʒʲawab]
to put through	**menyambungkan**	[mənjambuŋkan]

to arrange, to set up	**menetapkan**	[mənetapkan]
to demonstrate (vt)	**memeragakan**	[memeragakan]
to be absent	**absen, tidak hadir**	[absen], [tidaʔ hadir]
absence	**absensi, ketidakhadiran**	[absensi], [ketidahadiran]

70. Business processes. Part 1

| business | **bisnis** | [bisnis] |
| occupation | **urusan** | [urusan] |

firm	**firma**	[firma]
company	**maskapai**	[maskapaj]
corporation	**korporasi**	[korporasi]
enterprise	**perusahaan**	[pərusahaʔan]
agency	**biro, kantor**	[biro], [kantor]

agreement (contract)	**perjanjian**	[pərdʒʲandʒian]
contract	**kontrak**	[kontraʔ]
deal	**transaksi**	[transaksi]
order (to place an ~)	**pesanan**	[pesanan]
terms (of the contract)	**syarat**	[ʃarat]

wholesale (adv)	**grosir**	[grosir]
wholesale (adj)	**grosir**	[grosir]
wholesale (n)	**penjualan grosir**	[pendʒʲualan grosir]
retail (adj)	**eceran**	[etʃeran]
retail (n)	**pengeceran**	[peŋetʃeran]

competitor	**kompetitor, pesaing**	[kompetitor], [pesajŋ]
competition	**kompetisi, persaingan**	[kompetisi], [pərsajŋan]
to compete (vi)	**bersaing**	[bərsajŋ]

| partner (associate) | **mitra** | [mitra] |
| partnership | **kemitraan** | [kemitraʔan] |

crisis	**krisis**	[krisis]
bankruptcy	**kebangkrutan**	[kebaŋkrutan]
to go bankrupt	**jatuh bangkrut**	[dʒʲatuh baŋkrut]
difficulty	**kesukaran**	[kesukaran]
problem	**masalah**	[masalah]
catastrophe	**gagal total**	[gagal total]

economy	**ekonomi**	[ekonomi]
economic (~ growth)	**ekonomi**	[ekonomi]
economic recession	**resesi ekonomi**	[resesi ekonomi]

| goal (aim) | **tujuan** | [tudʒʲuan] |
| task | **tugas** | [tugas] |

to trade (vi)	**berdagang**	[bərdagaŋ]
network (distribution ~)	**jaringan**	[dʒʲariŋan]
inventory (stock)	**inventaris**	[inventaris]
range (assortment)	**penyortiran**	[penjortiran]

leader (leading company)	**pemimpin**	[pemimpin]
large (~ company)	**besar**	[besar]
monopoly	**monopoli**	[monopoli]

theory	**teori**	[teori]
practice	**praktik**	[praktiʔ]
experience (in my ~)	**pengalaman**	[peŋalaman]
trend (tendency)	**tendensi**	[tendensi]
development	**perkembangan**	[pərkembaŋan]

71. Business processes. Part 2

| profit (foregone ~) | **keuntungan** | [keuntuŋan] |
| profitable (~ deal) | **menguntungkan** | [məŋuntuŋkan] |

delegation (group)	**delegasi**	[delegasi]
salary	**gaji, upah**	[gadʒi], [upah]
to correct (an error)	**mengoreksi**	[məŋoreksi]
business trip	**perjalanan dinas**	[pərdʒʲalanan dinas]
commission	**panitia**	[panitia]

to control (vt)	**mengontrol**	[məŋontrol]
conference	**konferensi**	[konferensi]
license	**lisensi, izin**	[lisensi], [izin]
reliable (~ partner)	**yang bisa dipercaya**	[yaŋ bisa dipertʃaja]

initiative (undertaking)	**inisiatif**	[inisiatif]
norm (standard)	**norma**	[norma]
circumstance	**keadaan sekitar**	[keada'an sekitar]
duty (of employee)	**tugas**	[tugas]

organization (company)	**organisasi**	[organisasi]
organization (process)	**pengurusan**	[peŋurusan]
organized (adj)	**terurus**	[terurus]
cancellation	**pembatalan**	[pembatalan]
to cancel (call off)	**membatalkan**	[membatalkan]
report (official ~)	**laporan**	[laporan]
patent	**paten**	[paten]

to patent (obtain patent)	mematenkan	[mematenkan]
to plan (vt)	merencanakan	[merentʃanakan]
bonus (money)	bonus	[bonus]
professional (adj)	profesional	[profesional]
procedure	prosedur	[prosedur]
to examine (contract, etc.)	mempertimbangkan	[mempertimbaŋkan]
calculation	perhitungan	[pərhituŋan]
reputation	reputasi	[reputasi]
risk	risiko	[risiko]
to manage, to run	memimpin	[memimpin]
information	data, informasi	[data], [informasi]
property	milik	[miliʔ]
union	persatuan, serikat	[pərsatuan], [serikat]
life insurance	asuransi jiwa	[asuransi dʒiwa]
to insure (vt)	mengasuransikan	[məŋasuransikan]
insurance	asuransi	[asuransi]
auction (~ sale)	lelang	[lelaŋ]
to notify (inform)	memberitahu	[memberitahu]
management (process)	manajemen	[manadʒʲemen]
service (~ industry)	jasa	[dʒʲasa]
forum	forum	[forum]
to function (vi)	berfungsi	[bərfuŋsi]
stage (phase)	tahap	[tahap]
legal (~ services)	hukum	[hukum]
lawyer (legal advisor)	ahli hukum	[ahli hukum]

72. Production. Works

plant	pabrik	[pabriʔ]
factory	pabrik	[pabriʔ]
workshop	bengkel	[beŋkel]
works, production site	perusahaan	[pərusahaʔan]
industry (manufacturing)	industri	[industri]
industrial (adj)	industri	[industri]
heavy industry	industri berat	[industri bərat]
light industry	industri ringan	[industri riŋan]
products	produksi	[produksi]
to produce (vt)	memproduksi	[memproduksi]
raw materials	bahan baku	[bahan baku]
foreman (construction ~)	mandor	[mandor]
workers team (crew)	regu pekerja	[regu pekerdʒʲa]

worker	buruh, pekerja	[buruh], [pekerdʒʲa]
working day	hari kerja	[hari kerdʒʲa]
pause (rest break)	perhentian	[pərhentian]
meeting	rapat	[rapat]
to discuss (vt)	membicarakan	[membitʃarakan]

plan	rencana	[rentʃana]
to fulfill the plan	melaksanakan rencana	[melaksanakan rentʃana]
rate of output	kecepatan produksi	[ketʃepatan produksi]
quality	kualitas, mutu	[kualitas], [mutu]
control (checking)	kontrol, kendali	[kontrol], [kendali]
quality control	kendali mutu	[kendali mutu]

workplace safety	keselamatan kerja	[keselamatan kerdʒʲa]
discipline	disiplin	[disiplin]
violation (of safety rules, etc.)	pelanggaran	[pelaŋaran]
to violate (rules)	melanggar	[melaŋar]

strike	pemogokan	[pemogokan]
striker	pemogok	[pemogoʔ]
to be on strike	mogok	[mogoʔ]
labor union	serikat pekerja	[serikat pekerdʒʲa]

to invent (machine, etc.)	menemukan	[mənemukan]
invention	penemuan	[penemuan]
research	riset, penelitian	[riset], [penelitian]
to improve (make better)	memperbaiki	[memperbajki]
technology	teknologi	[teknologi]
technical drawing	gambar teknik	[gambar tekniʔ]

load, cargo	muatan	[muatan]
loader (person)	kuli	[kuli]
to load (vehicle, etc.)	memuat	[memuat]
loading (process)	pemuatan	[pemuatan]
to unload (vi, vt)	membongkar	[memboŋkar]
unloading	pembongkaran	[pemboŋkaran]

transportation	transportasi, angkutan	[transportasi], [aŋkutan]
transportation company	perusahaan transportasi	[perusahaʔan transportasi]
to transport (vt)	mengangkut	[məŋaŋkut]

freight car	gerbong barang	[gerboŋ baraŋ]
tank (e.g., oil ~)	tangki	[taŋki]
truck	truk	[truʔ]

| machine tool | mesin | [mesin] |
| mechanism | mekanisme | [mekanisme] |

industrial waste	limbah industri	[limbah industri]
packing (process)	pengemasan	[peŋemasan]
to pack (vt)	mengemas	[məŋemas]

73. Contract. Agreement

contract	**kontrak**	[kontra']
agreement	**perjanjian**	[pərdʒˈandʒian]
addendum	**lampiran**	[lampiran]

to sign a contract	**menandatangani kontrak**	[mənandataŋani kontra']
signature	**tanda tangan**	[tanda taŋan]
to sign (vt)	**menandatangani**	[mənandataŋani]
seal (stamp)	**cap**	[tʃap]

subject of contract	**subjek perjanjian**	[subdʒie' pərdʒˈandʒian]
clause	**ayat, pasal**	[ajat], [pasal]
parties (in contract)	**pihak**	[piha']
legal address	**alamat sah**	[alamat sah]

to violate the contract	**melanggar kontrak**	[melaŋgar kontra']
commitment (obligation)	**komitmen, kewajiban**	[komitmen], [kewadʒiban]
responsibility	**tanggung jawab**	[taŋguŋ dʒˈawab]
force majeure	**keadaan kahar**	[keada'an kahar]
dispute	**sengketa**	[seŋketa]
penalties	**sanksi, penalti**	[sanksi], [penalti]

74. Import & Export

import	**impor**	[impor]
importer	**importir**	[importir]
to import (vt)	**mengimpor**	[məŋimpor]
import (as adj.)	**impor**	[impor]

export (exportation)	**ekspor**	[ekspor]
exporter	**eksportir**	[eksportir]
to export (vi, vt)	**mengekspor**	[məŋekspor]
export (as adj.)	**ekspor**	[ekspor]

goods (merchandise)	**barang dagangan**	[baraŋ dagaŋan]
consignment, lot	**partai**	[partaj]

weight	**berat**	[berat]
volume	**volume, isi**	[volume], [isi]
cubic meter	**meter kubik**	[meter kubi']

manufacturer	**produsen**	[produsen]
transportation company	**perusahaan transportasi**	[perusaha'an transportasi]
container	**peti kemas**	[peti kemas]

border	**perbatasan**	[perbatasan]
customs	**pabean**	[pabean]
customs duty	**bea cukai**	[bea tʃukaj]

customs officer	**petugas pabean**	[petugas pabean]
smuggling	**penyelundupan**	[penjelundupan]
contraband (smuggled goods)	**barang-barang selundupan**	[baraŋ-baraŋ selundupan]

75. Finances

stock (share)	**saham**	[saham]
bond (certificate)	**obligasi**	[obligasi]
promissory note	**wesel**	[wesel]
stock exchange	**bursa efek**	[bursa efeʔ]
stock price	**kurs saham**	[kurs saham]
to go down (become cheaper)	**menjadi murah**	[məndʒ¡adi murah]
to go up (become more expensive)	**menjadi mahal**	[məndʒ¡adi mahal]
share	**kepemilikan saham**	[kepemilikan saham]
controlling interest	**mayoritas saham**	[majoritas saham]
investment	**investasi**	[investasi]
to invest (vt)	**berinvestasi**	[bərinvestasi]
percent	**persen**	[pərsen]
interest (on investment)	**suku bunga**	[suku buŋa]
profit	**profit, untung**	[profit], [untuŋ]
profitable (adj)	**beruntung**	[bəruntuŋ]
tax	**pajak**	[padʒ¡aʔ]
currency (foreign ~)	**valas**	[valas]
national (adj)	**nasional**	[nasional]
exchange (currency ~)	**pertukaran**	[pərtukaran]
accountant	**akuntan**	[akuntan]
accounting	**akuntansi**	[akuntansi]
bankruptcy	**kebangkrutan**	[kebaŋkrutan]
collapse, crash	**keruntuhan**	[keruntuhan]
ruin	**kebangkrutan**	[kebaŋkrutan]
to be ruined (financially)	**bangkrut**	[baŋkrut]
inflation	**inflasi**	[inflasi]
devaluation	**devaluasi**	[devaluasi]
capital	**modal**	[modal]
income	**pendapatan**	[pendapatan]
turnover	**omzet**	[omzet]
resources	**sumber daya**	[sumber daja]
monetary resources	**dana**	[dana]

| overhead | beaya umum | [beaja umum] |
| to reduce (expenses) | mengurangi | [məŋuraɲi] |

76. Marketing

marketing	pemasaran	[pemasaran]
market	pasar	[pasar]
market segment	segmen pasar	[segmen pasar]
product	produk	[produʔ]
goods (merchandise)	barang dagangan	[baraŋ dagaŋan]

brand	merek	[mereʔ]
trademark	merek dagang	[mereʔ dagaŋ]
logotype	logo dagang	[logo dagaŋ]
logo	logo	[logo]

demand	permintaan	[pərmintaʔan]
supply	penawaran	[penawaran]
need	kebutuhan	[kebutuhan]
consumer	konsumen	[konsumen]

analysis	analisis	[analisis]
to analyze (vt)	menganalisis	[məŋanalisis]
positioning	pemosisian	[pemosisian]
to position (vt)	memosisikan	[memosisikan]

price	harga	[harga]
pricing policy	politik harga	[politiʔ harga]
price formation	penentuan harga	[penentuan harga]

77. Advertising

advertising	iklan	[iklan]
to advertise (vt)	mengiklankan	[məɲiklankan]
budget	anggaran belanja	[aŋgaran belandʒa]

ad, advertisement	iklan	[iklan]
TV advertising	iklan TV	[iklan ti-vi]
radio advertising	iklan radio	[iklan radio]
outdoor advertising	iklan luar ruangan	[iklan luar ruaŋan]

mass media	media massa	[media massa]
periodical (n)	terbitan berkala	[tərbitan bərkala]
image (public appearance)	citra	[tʃitra]

slogan	slogan, semboyan	[slogan], [semboyan]
motto (maxim)	moto	[moto]
campaign	kampanye	[kampanje]

| advertising campaign | kampanye iklan | [kampanje iklan] |
| target group | khalayak sasaran | [halajaʔ sasaran] |

business card	kartu nama	[kartu nama]
leaflet (promotional ~)	selebaran	[selebaran]
brochure (e.g., 12 pages ~)	brosur	[brosur]
pamphlet	pamflet	[pamflet]
newsletter	buletin	[buletin]

signboard (store sign, etc.)	papan nama	[papan nama]
poster	poster	[poster]
billboard	papan iklan	[papan iklan]

78. Banking

| bank | bank | [banʔ] |
| branch (of bank, etc.) | cabang | [ʧabaŋ] |

| bank clerk, consultant | konsultan | [konsultan] |
| manager (director) | manajer | [manadʒʲer] |

bank account	rekening	[rekeniŋ]
account number	nomor rekening	[nomor rekeniŋ]
checking account	rekening koran	[rekeniŋ koran]
savings account	rekening simpanan	[rekeniŋ simpanan]

to open an account	membuka rekening	[membuka rekeniŋ]
to close the account	menutup rekening	[mənutup rekeniŋ]
to deposit into the account	memasukkan ke rekening	[məmasuʔkan ke rekeniŋ]

| to withdraw (vt) | menarik uang | [mənariʔ uaŋ] |

deposit	deposito	[deposito]
to make a deposit	melakukan setoran	[melakukan setoran]
wire transfer	transfer kawat	[transfer kawat]
to wire, to transfer	mentransfer	[məntransfer]

| sum | jumlah | [dʒʲumlah] |
| How much? | Berapa? | [bərapa?] |

| signature | tanda tangan | [tanda taŋan] |
| to sign (vt) | menandatangani | [mənandataŋani] |

credit card	kartu kredit	[kartu kredit]
code (PIN code)	kode	[kode]
credit card number	nomor kartu kredit	[nomor kartu kredit]
ATM	Anjungan Tunai Mandiri, ATM	[andʒʲuŋan tunaj mandiri], [a-te-em]

| check | cek | [ʧeʔ] |

| to write a check | menulis cek | [mənulis tʃeʔ] |
| checkbook | buku cek | [buku tʃeʔ] |

loan (bank ~)	kredit, pinjaman	[kredit], [pindʒʲaman]
to apply for a loan	meminta kredit	[meminta kredit]
to get a loan	mendapatkan kredit	[məndapatkan kredit]
to give a loan	memberikan kredit	[memberikan kredit]
guarantee	jaminan	[dʒʲaminan]

79. Telephone. Phone conversation

telephone	telepon	[telepon]
cell phone	ponsel	[ponsel]
answering machine	mesin penjawab panggilan	[mesin pendʒʲawab paŋgilan]

| to call (by phone) | menelepon | [mənelepon] |
| phone call | panggilan telepon | [paŋgilan telepon] |

to dial a number	memutar nomor telepon	[memutar nomor telepon]
Hello!	Halo!	[halo!]
to ask (vt)	bertanya	[bərtanja]
to answer (vi, vt)	menjawab	[məndʒʲawab]

to hear (vt)	mendengar	[məndeŋar]
well (adv)	baik	[bajʔ]
not well (adv)	buruk, jelek	[buruk], [dʒʲeleʔ]
noises (interference)	bising, gangguan	[bisiŋ], [gaŋguan]

receiver	gagang	[gagaŋ]
to pick up (~ the phone)	mengangkat telepon	[məŋaŋkat telepon]
to hang up (~ the phone)	menutup telepon	[mənutup telepon]

busy (engaged)	sibuk	[sibuʔ]
to ring (ab. phone)	berdering	[bərderiŋ]
telephone book	buku telepon	[buku telepon]

local (adj)	lokal	[lokal]
local call	panggilan lokal	[paŋgilan lokal]
long distance (~ call)	interlokal	[interlokal]
long-distance call	panggilan interlokal	[paŋgilan interlokal]
international (adj)	internasional	[internasional]
international call	panggilan internasional	[paŋgilan internasional]

80. Cell phone

| cell phone | ponsel | [ponsel] |
| display | layar | [lajar] |

button	kenop	[kenop]
SIM card	kartu SIM	[kartu sim]
battery	baterai	[barerai]
to be dead (battery)	mati	[mati]
charger	pengisi baterai, pengecas	[pɲisi baterai], [pɲetʃas]
menu	menu	[menu]
settings	penyetelan	[penjetelan]
tune (melody)	nada panggil	[nada paŋgil]
to select (vt)	memilih	[memilih]
calculator	kalkulator	[kalkulator]
voice mail	penjawab telepon	[pendʒawab telepon]
alarm clock	weker	[weker]
contacts	buku telepon	[buku telepon]
SMS (text message)	pesan singkat	[pesan siŋkat]
subscriber	pelanggan	[pelaŋgan]

81. Stationery

ballpoint pen	bolpen	[bolpen]
fountain pen	pena celup	[pena tʃelup]
pencil	pensil	[pensil]
highlighter	spidol	[spidol]
felt-tip pen	spidol	[spidol]
notepad	buku catatan	[buku tʃatatan]
agenda (diary)	agenda	[agenda]
ruler	mistar, penggaris	[mistar], [peŋgaris]
calculator	kalkulator	[kalkulator]
eraser	karet penghapus	[karet peɲhapus]
thumbtack	paku payung	[paku pajuŋ]
paper clip	penjepit kertas	[pendʒepit kertas]
glue	lem	[lem]
stapler	stapler	[stapler]
hole punch	alat pelubang kertas	[alat pelubaŋ kertas]
pencil sharpener	rautan pensil	[rautan pensil]

82. Kinds of business

| accounting services | jasa akuntansi | [dʒasa akuntansi] |
| advertising | periklanan | [periklanan] |

English	Indonesian	Pronunciation
advertising agency	biro periklanan	[biro periklanan]
air-conditioners	penyejuk udara	[penjedʒ'u' udara]
airline	maskapai penerbangan	[maskapaj penerbaŋan]
alcoholic beverages	minuman beralkohol	[minuman beralkohol]
antiques (antique dealers)	antikuariat	[antikuariat]
art gallery (contemporary ~)	galeri seni	[galeri seni]
audit services	jasa audit	[dʒ'asa audit]
banking industry	industri perbankan	[industri perbankan]
bar	bar	[bar]
beauty parlor	salon kecantikan	[salon ketʃantikan]
bookstore	toko buku	[toko buku]
brewery	pabrik bir	[pabri' bir]
business center	pusat bisnis	[pusat bisnis]
business school	sekolah bisnis	[sekolah bisnis]
casino	kasino	[kasino]
construction	pembangunan	[pembaŋunan]
consulting	jasa konsultasi	[dʒ'asa konsultasi]
dental clinic	klinik gigi	[klini' gigi]
design	desain	[desajn]
drugstore, pharmacy	apotek, toko obat	[apotek], [toko obat]
dry cleaners	penatu kimia	[penatu kimia]
employment agency	biro tenaga kerja	[biro tenaga kerdʒ'a]
financial services	jasa finansial	[dʒ'asa finansial]
food products	produk makanan	[produ' makanan]
funeral home	rumah duka	[rumah duka]
furniture (e.g., house ~)	mebel	[mebel]
clothing, garment	pakaian, busana	[pakajan], [busana]
hotel	hotel	[hotel]
ice-cream	es krim	[es krim]
industry (manufacturing)	industri	[industri]
insurance	asuransi	[asuransi]
Internet	Internet	[internet]
investments (finance)	investasi	[investasi]
jeweler	tukang perhiasan	[tukaŋ perhiasan]
jewelry	perhiasan	[perhiasan]
laundry (shop)	penatu	[penatu]
legal advisor	penasihat hukum	[penasihat hukum]
light industry	industri ringan	[industri riŋan]
magazine	majalah	[madʒ'alah]
mail-order selling	perniagaan pesanan pos	[perniaga'an pesanan pos]
medicine	kedokteran	[kedokteran]
movie theater	bioskop	[bioskop]
museum	museum	[museum]

news agency	**kantor berita**	[kantor bərita]
newspaper	**koran**	[koran]
nightclub	**klub malam**	[klub malam]

oil (petroleum)	**petroleum, minyak**	[petroleum], [minjaʔ]
courier services	**jasa kurir**	[dʒʲasa kurir]
pharmaceutics	**farmasi**	[farmasi]
printing (industry)	**percetakan**	[pərtʃetakan]
publishing house	**penerbit**	[penerbit]

radio (~ station)	**radio**	[radio]
real estate	**properti, lahan yasan**	[properti], [lahan yasan]
restaurant	**restoran**	[restoran]

security company	**biro keamanan**	[biro keamanan]
sports	**olahraga**	[olahraga]
stock exchange	**bursa efek**	[bursa efeʔ]
store	**toko**	[toko]
supermarket	**pasar swalayan**	[pasar swalajan]
swimming pool (public ~)	**kolam renang**	[kolam renaŋ]

tailor shop	**rumah jahit**	[rumah dʒʲahit]
television	**televisi**	[televisi]
theater	**teater**	[teater]
trade (commerce)	**perdagangan**	[pərdagaŋan]
transportation	**transportasi, angkutan**	[transportasi], [aŋkutan]
travel	**pariwisata**	[pariwisata]

veterinarian	**dokter hewan**	[dokter hewan]
warehouse	**gudang**	[gudaŋ]
waste collection	**pemungutan sampah**	[pemuŋutan sampah]

Job. Business. Part 2

83. Show. Exhibition

exhibition, show	**pameran**	[pameran]
trade show	**pameran perdagangan**	[pameran pərdagaŋan]
participation	**partisipasi**	[partisipasi]
to participate (vi)	**turut serta**	[turut serta]
participant (exhibitor)	**partisipan, peserta**	[partisipan], [peserta]
director	**direktur**	[direktur]
organizers' office	**biro penyelenggara kegiatan**	[biro penelenjara kegiatan]
organizer	**penyelenggara**	[penjeleŋgara]
to organize (vt)	**menyelenggarakan**	[mənjeleŋgarakan]
participation form	**formulir keikutsertaan**	[formulir keikutserta'an]
to fill out (vt)	**mengisi**	[məŋisi]
details	**detail**	[detajl]
information	**informasi**	[informasi]
price (cost, rate)	**harga**	[harga]
including	**termasuk**	[tərmasu']
to include (vt)	**mencakup**	[mənt͡ʃakup]
to pay (vi, vt)	**membayar**	[membajar]
registration fee	**biaya pendaftaran**	[biaja pendaftaran]
entrance	**masuk**	[masu']
pavilion, hall	**paviliun**	[paviliun]
to register (vt)	**mendaftar**	[məndaftar]
badge (identity tag)	**label identitas**	[label identitas]
booth, stand	**stand**	[stand]
to reserve, to book	**memesan**	[memesan]
display case	**dagang layar kaca**	[dagaŋ lajar kat͡ʃa]
spotlight	**lampu**	[lampu]
design	**desain**	[desajn]
to place (put, set)	**menempatkan**	[mənempatkan]
to be placed	**diletakkan**	[dileta'kan]
distributor	**penyalur**	[penjalur]
supplier	**penyuplai**	[penyuplaj]
to supply (vt)	**menyuplai**	[mənyuplaj]
country	**negara, negeri**	[negara], [negeri]

| foreign (adj) | asing | [asiŋ] |
| product | produk | [produʔ] |

association	asosiasi, perhimpunan	[asosiasi], [pərhimpunan]
conference hall	gedung pertemuan	[geduŋ pərtemuan]
congress	kongres	[koŋres]
contest (competition)	kontes	[kontes]

visitor (attendee)	pengunjung	[pəŋundʒuŋ]
to visit (attend)	mendatangi	[məndataɲi]
customer	pelanggan	[pelaŋgan]

84. Science. Research. Scientists

science	ilmu	[ilmu]
scientific (adj)	ilmiah	[ilmiah]
scientist	ilmuwan	[ilmuwan]
theory	teori	[teori]

axiom	aksioma	[aksioma]
analysis	analisis	[analisis]
to analyze (vt)	menganalisis	[məŋanalisis]
argument (strong ~)	argumen	[argumen]
substance (matter)	zat, bahan	[zat], [bahan]

hypothesis	hipotesis	[hipotesis]
dilemma	dilema	[dilema]
dissertation	disertasi	[disertasi]
dogma	dogma	[dogma]

doctrine	doktrin	[doktrin]
research	riset, penelitian	[riset], [penelitian]
to research (vt)	penelitian	[penelitian]
tests (laboratory ~)	pengujian	[pəŋudʒian]
laboratory	laboratorium	[laboratorium]

method	metode	[metode]
molecule	molekul	[molekul]
monitoring	pemonitoran	[pemonitoran]
discovery (act, event)	penemuan	[penemuan]

postulate	postulat	[postulat]
principle	prinsip	[prinsip]
forecast	prakiraan	[prakira'an]
to forecast (vt)	memprakirakan	[memprakirakan]

synthesis	sintesis	[sintesis]
trend (tendency)	tendensi	[tendensi]
theorem	teorema	[teorema]
teachings	ajaran	[adʒaran]

fact	**fakta**	[fakta]
expedition	**ekspedisi**	[ekspedisi]
experiment	**eksperimen**	[eksperimen]
academician	**akademikus**	[akademikus]
bachelor (e.g., ~ of Arts)	**sarjana**	[sardʒˈana]
doctor (PhD)	**doktor**	[doktor]
Associate Professor	**Profesor Madya**	[profesor madja]
Master (e.g., ~ of Arts)	**Master**	[master]
professor	**profesor**	[profesor]

Professions and occupations

85. Job search. Dismissal

job	**kerja, pekerjaan**	[kerdʑia], [pekerdʑia'an]
staff (work force)	**staf, personalia**	[staf], [personalia]
personnel	**staf, personel**	[staf], [personel]
career	**karier**	[karier]
prospects (chances)	**perspektif**	[pərspektif]
skills (mastery)	**keterampilan**	[keterampilan]
selection (screening)	**pilihan**	[pilihan]
employment agency	**biro tenaga kerja**	[biro tenaga kerdʑia]
résumé	**resume**	[resume]
job interview	**wawancara kerja**	[wawantʃara kerdʑia]
vacancy, opening	**lowongan**	[lowoŋan]
salary, pay	**gaji, upah**	[gadʑi], [upah]
fixed salary	**gaji tetap**	[gadʑi tetap]
pay, compensation	**bayaran**	[bajaran]
position (job)	**jabatan**	[dʑiabatan]
duty (of employee)	**tugas**	[tugas]
range of duties	**bidang tugas**	[bidaŋ tugas]
busy (I'm ~)	**sibuk**	[sibu']
to fire (dismiss)	**memecat**	[memetʃat]
dismissal	**pemecatan**	[pemetʃatan]
unemployment	**pengangguran**	[peŋaŋuran]
unemployed (n)	**penggangur**	[peŋaŋur]
retirement	**pensiun**	[pensiun]
to retire (from job)	**pensiun**	[pensiun]

86. Business people

director	**direktur**	[direktur]
manager (director)	**manajer**	[manadʑier]
boss	**bos, atasan**	[bos], [atasan]
superior	**atasan**	[atasan]
superiors	**atasan**	[atasan]
president	**presiden**	[presiden]

chairman	**ketua, dirut**	[ketua], [dirut]
deputy (substitute)	**wakil**	[wakil]
assistant	**asisten**	[asisten]
secretary	**sekretaris**	[sekretaris]
personal assistant	**asisten pribadi**	[asisten pribadi]
businessman	**pengusaha, pebisnis**	[peŋusaha], [pebisnis]
entrepreneur	**pengusaha**	[peŋusaha]
founder	**pendiri**	[pendiri]
to found (vt)	**mendirikan**	[məndirikan]
incorporator	**pendiri**	[pendiri]
partner	**mitra**	[mitra]
stockholder	**pemegang saham**	[pemegaŋ saham]
millionaire	**jutawan**	[dʒjutawan]
billionaire	**miliarder**	[miliarder]
owner, proprietor	**pemilik**	[pemiliʔ]
landowner	**tuan tanah**	[tuan tanah]
client	**klien**	[klien]
regular client	**klien tetap**	[klien tetap]
buyer (customer)	**pembeli**	[pembeli]
visitor	**tamu**	[tamu]
professional (n)	**profesional**	[profesional]
expert	**pakar, ahli**	[pakar], [ahli]
specialist	**spesialis, ahli**	[spesialis], [ahli]
banker	**bankir**	[bankir]
broker	**broker, pialang**	[broker], [pialaŋ]
cashier, teller	**kasir**	[kasir]
accountant	**akuntan**	[akuntan]
security guard	**satpam, pengawal**	[satpam], [peŋawal]
investor	**investor**	[investor]
debtor	**debitur**	[debitur]
creditor	**kreditor**	[kreditor]
borrower	**peminjam**	[pemindʒjam]
importer	**importir**	[importir]
exporter	**eksportir**	[eksportir]
manufacturer	**produsen**	[produsen]
distributor	**penyalur**	[penjalur]
middleman	**perantara**	[perantara]
consultant	**konsultan**	[konsultan]
sales representative	**perwakilan penjualan**	[perwakilan pendʒjualan]
agent	**agen**	[agen]
insurance agent	**agen asuransi**	[agen asuransi]

87. Service professions

cook	koki, juru masak	[koki], [dʒʲuru masaʔ]
chef (kitchen chef)	koki kepala	[koki kepala]
baker	pembuat roti	[pembuat roti]
bartender	pelayan bar	[pelajan bar]
waiter	pelayan lelaki	[pelajan lelaki]
waitress	pelayan perempuan	[pelajan perempuan]
lawyer, attorney	advokat, pengacara	[advokat], [peŋatʃara]
lawyer (legal expert)	ahli hukum	[ahli hukum]
notary	notaris	[notaris]
electrician	tukang listrik	[tukaŋ listriʔ]
plumber	tukang pipa	[tukaŋ pipa]
carpenter	tukang kayu	[tukaŋ kaju]
masseur	tukang pijat lelaki	[tukaŋ pidʒʲat lelaki]
masseuse	tukang pijat perempuan	[tukaŋ pidʒʲat perempuan]
doctor	dokter	[dokter]
taxi driver	sopir taksi	[sopir taksi]
driver	sopir	[sopir]
delivery man	kurir	[kurir]
chambermaid	pelayan kamar	[pelajan kamar]
security guard	satpam, pengawal	[satpam], [peŋawal]
flight attendant (fem.)	pramugari	[pramugari]
schoolteacher	guru	[guru]
librarian	pustakawan	[pustakawan]
translator	penerjemah	[penerdʒʲemah]
interpreter	juru bahasa	[dʒʲuru bahasa]
guide	pemandu wisata	[pemandu wisata]
hairdresser	tukang cukur	[tukaŋ tʃukur]
mailman	tukang pos	[tukaŋ pos]
salesman (store staff)	pramuniaga	[pramuniaga]
gardener	tukang kebun	[tukaŋ kebun]
domestic servant	pramuwisma	[pramuwisma]
maid (female servant)	pramuwisma	[pramuwisma]
cleaner (cleaning lady)	pembersih ruangan	[pembersih ruaŋan]

88. Military professions and ranks

private	prajurit	[pradʒʲurit]
sergeant	sersan	[sersan]

lieutenant	**letnan**	[letnan]
captain	**kapten**	[kapten]
major	**mayor**	[major]
colonel	**kolonel**	[kolonel]
general	**jenderal**	[dʒʲenderal]
marshal	**marsekal**	[marsekal]
admiral	**laksamana**	[laksamana]
military (n)	**anggota militer**	[aŋgota militer]
soldier	**tentara, serdadu**	[tentara], [serdadu]
officer	**perwira**	[pərwira]
commander	**komandan**	[komandan]
border guard	**penjaga perbatasan**	[pendʒʲaga perbatasan]
radio operator	**operator radio**	[operator radio]
scout (searcher)	**pengintai**	[peɲintaj]
pioneer (sapper)	**pencari ranjau**	[pentʃari randʒʲau]
marksman	**petembak**	[petembaʔ]
navigator	**navigator, penavigasi**	[navigator], [penavigasi]

89. Officials. Priests

king	**raja**	[radʒʲa]
queen	**ratu**	[ratu]
prince	**pangeran**	[paŋeran]
princess	**putri**	[putri]
czar	**tsar, raja**	[tsar], [radʒʲa]
czarina	**tsarina, ratu**	[tsarina], [ratu]
president	**presiden**	[presiden]
Secretary (minister)	**Menteri Sekretaris**	[mənteri sekretaris]
prime minister	**perdana menteri**	[pərdana menteri]
senator	**senator**	[senator]
diplomat	**diplomat**	[diplomat]
consul	**konsul**	[konsul]
ambassador	**duta besar**	[duta besar]
counsilor (diplomatic officer)	**penasihat**	[penasihat]
official, functionary (civil servant)	**petugas**	[petugas]
prefect	**prefek**	[prefeʔ]
mayor	**walikota**	[walikota]
judge	**hakim**	[hakim]
prosecutor (e.g., district attorney)	**kejaksaan negeri**	[kedʒʲaksaʔan negeri]

missionary	misionaris	[misionaris]
monk	biarawan, rahib	[biarawan], [rahib]
abbot	abbas	[abbas]
rabbi	rabbi	[rabbi]

vizier	wazir	[wazir]
shah	syah	[ʃah]
sheikh	syeikh	[ʃejh]

90. Agricultural professions

beekeeper	peternak lebah	[peterna' lebah]
herder, shepherd	penggembala	[peŋgembala]
agronomist	agronom	[agronom]
cattle breeder	peternak	[peterna']
veterinarian	dokter hewan	[dokter hewan]

farmer	petani	[petani]
winemaker	pembuat anggur	[pembuat aŋgur]
zoologist	zoolog	[zoolog]
cowboy	koboi	[koboi]

91. Art professions

| actor | aktor | [aktor] |
| actress | aktris | [aktris] |

| singer (masc.) | biduan | [biduan] |
| singer (fem.) | biduanita | [biduanita] |

| dancer (masc.) | penari lelaki | [penari lelaki] |
| dancer (fem.) | penari perempuan | [penari perempuan] |

| performer (masc.) | artis | [artis] |
| performer (fem.) | artis | [artis] |

musician	musisi, musikus	[musisi], [musikus]
pianist	pianis	[pianis]
guitar player	pemain gitar	[pemajn gitar]

conductor (orchestra ~)	konduktor	[konduktor]
composer	komposer, komponis	[komposer], [komponis]
impresario	impresario	[impresario]

film director	sutradara	[sutradara]
producer	produser	[produser]
scriptwriter	penulis skenario	[penulis skenario]
critic	kritikus	[kritikus]

writer	penulis	[penulis]
poet	penyair	[penjajr]
sculptor	pematung	[pematuŋ]
artist (painter)	perupa	[pərupa]

juggler	juggler	[dʒʲuggler]
clown	badut	[badut]
acrobat	akrobat	[akrobat]
magician	pesulap	[pesulap]

92. Various professions

doctor	dokter	[dokter]
nurse	suster, juru rawat	[suster], [dʒʲuru rawat]
psychiatrist	psikiater	[psikiater]
dentist	dokter gigi	[dokter gigi]
surgeon	dokter bedah	[dokter bedah]

astronaut	astronaut	[astronaut]
astronomer	astronom	[astronom]
pilot	pilot	[pilot]

driver (of taxi, etc.)	sopir	[sopir]
engineer (train driver)	masinis	[masinis]
mechanic	mekanik	[mekaniʔ]

miner	penambang	[penambaŋ]
worker	buruh, pekerja	[buruh], [pekerdʒʲa]
locksmith	tukang kikir	[tukaŋ kikir]
joiner (carpenter)	tukang kayu	[tukaŋ kaju]
turner (lathe machine operator)	tukang bubut	[tukaŋ bubut]
construction worker	buruh bangunan	[buruh baŋunan]
welder	tukang las	[tukaŋ las]

professor (title)	profesor	[profesor]
architect	arsitek	[arsiteʔ]
historian	sejarawan	[sedʒʲarawan]
scientist	ilmuwan	[ilmuwan]
physicist	fisikawan	[fisikawan]
chemist (scientist)	kimiawan	[kimiawan]

archeologist	arkeolog	[arkeolog]
geologist	geolog	[geolog]
researcher (scientist)	periset, peneliti	[pəriset], [peneliti]

babysitter	pengasuh anak	[peŋasuh anaʔ]
teacher, educator	guru, pendidik	[guru], [pendidiʔ]
editor	editor, penyunting	[editor], [penyuntiŋ]
editor-in-chief	editor kepala	[editor kepala]

| correspondent | **koresponden** | [koresponden] |
| typist (fem.) | **juru ketik** | [dʒʲuru ketiʔ] |

designer	**desainer, perancang**	[desajner], [perantʃaŋ]
computer expert	**ahli komputer**	[ahli komputer]
programmer	**pemrogram**	[pemrogram]
engineer (designer)	**insinyur**	[insinyur]

sailor	**pelaut**	[pelaut]
seaman	**kelasi**	[kelasi]
rescuer	**penyelamat**	[penjelamat]

fireman	**pemadam kebakaran**	[pemadam kebakaran]
police officer	**polisi**	[polisi]
watchman	**penjaga**	[pendʒʲaga]
detective	**detektif**	[detektif]

customs officer	**petugas pabean**	[petugas pabean]
bodyguard	**pengawal pribadi**	[peŋawal pribadi]
prison guard	**sipir,**	[sipir],
	penjaga penjara	[pendʒʲaga pendʒʲara]
inspector	**inspektur**	[inspektur]

sportsman	**olahragawan**	[olahragawan]
trainer, coach	**pelatih**	[pelatih]
butcher	**tukang daging**	[tukaŋ dagiŋ]
cobbler (shoe repairer)	**tukang sepatu**	[tukaŋ sepatu]
merchant	**pedagang**	[pedagaŋ]
loader (person)	**kuli**	[kuli]

| fashion designer | **perancang busana** | [perantʃaŋ busana] |
| model (fem.) | **peragawati** | [peragawati] |

93. Occupations. Social status

| schoolboy | **siswa** | [siswa] |
| student (college ~) | **mahasiswa** | [mahasiswa] |

philosopher	**filsuf**	[filsuf]
economist	**ahli ekonomi**	[ahli ekonomi]
inventor	**penemu**	[penemu]

unemployed (n)	**pengganggur**	[peŋgaŋgur]
retiree	**pensiunan**	[pensiunan]
spy, secret agent	**mata-mata**	[mata-mata]

prisoner	**tahanan**	[tahanan]
striker	**pemogok**	[pemogoʔ]
bureaucrat	**birokrat**	[birokrat]
traveler (globetrotter)	**pelancong**	[pelantʃoŋ]

gay, homosexual (n)	**homo, homoseksual**	[homo], [homoseksual]
hacker	**peretas**	[pəretas]
hippie	**hipi**	[hipi]

bandit	**bandit**	[bandit]
hit man, killer	**pembunuh bayaran**	[pembunuh bajaran]
drug addict	**pecandu narkoba**	[petʃandu narkoba]
drug dealer	**pengedar narkoba**	[peŋedar narkoba]
prostitute (fem.)	**pelacur**	[pelatʃur]
pimp	**germo**	[germo]

sorcerer	**penyihir lelaki**	[penjihir lelaki]
sorceress (evil ~)	**penyihir perempuan**	[penjihir pərempuan]
pirate	**bajak laut**	[badʒʲaʔ laut]
slave	**budak**	[budaʔ]
samurai	**samurai**	[samuraj]
savage (primitive)	**orang primitif**	[oraŋ primitif]

Education

94. School

school	**sekolah**	[sekolah]
principal (headmaster)	**kepala sekolah**	[kepala sekolah]
pupil (boy)	**murid laki-laki**	[murid laki-laki]
pupil (girl)	**murid perempuan**	[murid pərempuan]
schoolboy	**siswa**	[siswa]
schoolgirl	**siswi**	[siswi]
to teach (sb)	**mengajar**	[məŋadʒʲar]
to learn (language, etc.)	**belajar**	[beladʒʲar]
to learn by heart	**menghafalkan**	[məŋhafalkan]
to learn (~ to count, etc.)	**belajar**	[beladʒʲar]
to be in school	**bersekolah**	[bərsekolah]
to go to school	**ke sekolah**	[ke sekolah]
alphabet	**alfabet, abjad**	[alfabet], [abdʒʲad]
subject (at school)	**subjek,**	[subdʒʲek],
	mata pelajaran	[mata peladʒʲaran]
classroom	**ruang kelas**	[ruaŋ kelas]
lesson	**pelajaran**	[peladʒʲaran]
recess	**waktu istirahat**	[waktu istirahat]
school bell	**lonceng**	[lontʃeŋ]
school desk	**bangku sekolah**	[baŋku sekolah]
chalkboard	**papan tulis hitam**	[papan tulis hitam]
grade	**nilai**	[nilaj]
good grade	**nilai baik**	[nilaj bajʔ]
bad grade	**nilai jelek**	[nilaj dʒʲeleʔ]
to give a grade	**memberikan nilai**	[memberikan nilaj]
mistake, error	**kesalahan**	[kesalahan]
to make mistakes	**melakukan kesalahan**	[melakukan kesalahan]
to correct (an error)	**mengoreksi**	[məŋoreksi]
cheat sheet	**contekan**	[tʃontekan]
homework	**pekerjaan rumah**	[pekerdʒʲaʔan rumah]
exercise (in education)	**latihan**	[latihan]
to be present	**hadir**	[hadir]
to be absent	**absen, tidak hadir**	[absen], [tidaʔ hadir]

to miss school	**absen dari sekolah**	[absen dari sekolah]
to punish (vt)	**menghukum**	[məŋhukum]
punishment	**hukuman**	[hukuman]
conduct (behavior)	**perilaku**	[pərilaku]
report card	**rapor**	[rapor]
pencil	**pensil**	[pensil]
eraser	**karet penghapus**	[karet peŋhapus]
chalk	**kapur**	[kapur]
pencil case	**kotak pensil**	[kotaʔ pensil]
schoolbag	**tas sekolah**	[tas sekolah]
pen	**pen**	[pen]
school notebook	**buku tulis**	[buku tulis]
textbook	**buku pelajaran**	[buku peladʒʲaran]
compasses	**paser, jangka**	[paser], [dʒʲaŋka]
to make technical drawings	**menggambar**	[məŋgambar]
technical drawing	**gambar teknik**	[gambar tekniʔ]
poem	**puisi, sajak**	[puisi], [sadʒʲaʔ]
by heart (adv)	**hafal**	[hafal]
to learn by heart	**menghafalkan**	[məŋhafalkan]
school vacation	**liburan sekolah**	[liburan sekolah]
to be on vacation	**berlibur**	[bərlibur]
to spend one's vacation	**menjalani liburan**	[məndʒʲalani liburan]
test (written math ~)	**tes, kuis**	[tes], [kuis]
essay (composition)	**esai, karangan**	[esaj], [karaŋan]
dictation	**dikte**	[dikte]
exam (examination)	**ujian**	[udʒian]
to take an exam	**menempuh ujian**	[mənempuh udʒian]
experiment (e.g., chemistry ~)	**eksperimen**	[eksperimen]

95. College. University

academy	**akademi**	[akademi]
university	**universitas**	[universitas]
faculty (e.g., ~ of Medicine)	**fakultas**	[fakultas]
student (masc.)	**mahasiswa**	[mahasiswa]
student (fem.)	**mahasiswi**	[mahasiswi]
lecturer (teacher)	**dosen**	[dosen]
lecture hall, room	**ruang kuliah**	[ruaŋ kuliah]
graduate	**lulusan**	[lulusan]

| diploma | **ijazah** | [idʒ/azah] |
| dissertation | **disertasi** | [disertasi] |

| study (report) | **penelitian** | [penelitian] |
| laboratory | **laboratorium** | [laboratorium] |

lecture	**kuliah**	[kuliah]
coursemate	**rekan sekuliah**	[rekan sekuliah]
scholarship	**beasiswa**	[beasiswa]
academic degree	**gelar akademik**	[gelar akademiʔ]

96. Sciences. Disciplines

mathematics	**matematika**	[matematika]
algebra	**aljabar**	[aldʒ/abar]
geometry	**geometri**	[geometri]

astronomy	**astronomi**	[astronomi]
biology	**biologi**	[biologi]
geography	**geografi**	[geografi]
geology	**geologi**	[geologi]
history	**sejarah**	[sedʒ/arah]

medicine	**kedokteran**	[kedokteran]
pedagogy	**pedagogi**	[pedagogi]
law	**hukum**	[hukum]

physics	**fisika**	[fisika]
chemistry	**kimia**	[kimia]
philosophy	**filsafat**	[filsafat]
psychology	**psikologi**	[psikologi]

97. Writing system. Orthography

grammar	**tatabahasa**	[tatabahasa]
vocabulary	**kosakata**	[kosakata]
phonetics	**fonetik**	[fonetiʔ]

noun	**nomina**	[nomina]
adjective	**adjektiva**	[adʒ/ektiva]
verb	**verba**	[verba]
adverb	**adverbia**	[adverbia]

pronoun	**kata ganti**	[kata ganti]
interjection	**kata seru**	[kata seru]
preposition	**preposisi, kata depan**	[preposisi], [kata depan]
root	**kata dasar**	[kata dasar]
ending	**akhiran**	[ahiran]

prefix	**prefiks, awalan**	[prefiks], [awalan]
syllable	**suku kata**	[suku kata]
suffix	**sufiks, akhiran**	[sufiks], [ahiran]

| stress mark | **tanda tekanan** | [tanda tekanan] |
| apostrophe | **apostrofi** | [apostrofi] |

period, dot	**titik**	[titiʔ]
comma	**koma**	[koma]
semicolon	**titik koma**	[titiʔ koma]
colon	**titik dua**	[titiʔ dua]
ellipsis	**elipsis, lesapan**	[elipsis], [lesapan]

| question mark | **tanda tanya** | [tanda tanja] |
| exclamation point | **tanda seru** | [tanda seru] |

quotation marks	**tanda petik**	[tanda petiʔ]
in quotation marks	**dalam tanda petik**	[dalam tanda petiʔ]
parenthesis	**tanda kurung**	[tanda kuruŋ]
in parenthesis	**dalam tanda kurung**	[dalam tanda kuruŋ]

hyphen	**tanda pisah**	[tanda pisah]
dash	**tanda hubung**	[tanda hubuŋ]
space (between words)	**spasi**	[spasi]

| letter | **huruf** | [huruf] |
| capital letter | **huruf kapital** | [huruf kapital] |

| vowel (n) | **vokal** | [vokal] |
| consonant (n) | **konsonan** | [konsonan] |

sentence	**kalimat**	[kalimat]
subject	**subjek**	[subdʒˈeʔ]
predicate	**predikat**	[predikat]

line	**baris**	[baris]
on a new line	**di baris baru**	[di baris baru]
paragraph	**alinea, paragraf**	[alinea], [paragraf]

word	**kata**	[kata]
group of words	**rangkaian kata**	[raŋkajan kata]
expression	**ungkapan**	[uŋkapan]
synonym	**sinonim**	[sinonim]
antonym	**antonim**	[antonim]

rule	**peraturan**	[pəraturan]
exception	**perkecualian**	[pərketʃualian]
correct (adj)	**benar, betul**	[benar], [betul]

conjugation	**konjugasi**	[kondʒˈugasi]
declension	**deklinasi**	[deklinasi]
nominal case	**kasus nominal**	[kasus nominal]

question	**pertanyaan**	[pertanja'an]
to underline (vt)	**menggaris bawahi**	[məŋgaris bawahi]
dotted line	**garis bertitik**	[garis bertitiʔ]

98. Foreign languages

language	**bahasa**	[bahasa]
foreign (adj)	**asing**	[asiŋ]
foreign language	**bahasa asing**	[bahasa asiŋ]
to study (vt)	**mempelajari**	[mempeladʒ'ari]
to learn (language, etc.)	**belajar**	[beladʒ'ar]

to read (vi, vt)	**membaca**	[membatʃa]
to speak (vi, vt)	**berbicara**	[bərbitʃara]
to understand (vt)	**mengerti**	[məŋerti]
to write (vt)	**menulis**	[mənulis]

fast (adv)	**cepat, fasih**	[tʃepat], [fasih]
slowly (adv)	**perlahan-lahan**	[pərlahan-lahan]
fluently (adv)	**fasih**	[fasih]

rules	**peraturan**	[peraturan]
grammar	**tatabahasa**	[tatabahasa]
vocabulary	**kosakata**	[kosakata]
phonetics	**fonetik**	[fonetiʔ]

textbook	**buku pelajaran**	[buku peladʒ'aran]
dictionary	**kamus**	[kamus]
teach-yourself book	**buku autodidak**	[buku autodidaʔ]
phrasebook	**panduan percakapan**	[panduan pertʃakapan]

cassette, tape	**kaset**	[kaset]
videotape	**kaset video**	[kaset video]
CD, compact disc	**cakram kompak**	[tʃakram kompaʔ]
DVD	**cakram DVD**	[tʃakram di-vi-di]

alphabet	**alfabet, abjad**	[alfabet], [abdʒ'ad]
to spell (vt)	**mengeja**	[məŋedʒ'a]
pronunciation	**pelafalan**	[pelafalan]

accent	**aksen**	[aksen]
with an accent	**dengan aksen**	[deŋan aksen]
without an accent	**tanpa aksen**	[tanpa aksen]

| word | **kata** | [kata] |
| meaning | **arti** | [arti] |

course (e.g., a French ~)	**kursus**	[kursus]
to sign up	**Mendaftar**	[məndaftar]
teacher	**guru**	[guru]

translation (process)	**penerjemahan**	[pənerdʒʲemahan]
translation (text, etc.)	**terjemahan**	[tərdʒʲemahan]
translator	**penerjemah**	[pənerdʒʲemah]
interpreter	**juru bahasa**	[dʒʲuru bahasa]
polyglot	**poliglot**	[poliglot]
memory	**memori, daya ingat**	[memori], [daja iŋat]

Rest. Entertainment. Travel

99. Trip. Travel

tourism, travel	**pariwisata**	[pariwisata]
tourist	**turis, wisatawan**	[turis], [wisatawan]
trip, voyage	**pengembaraan**	[peŋembara'an]
adventure	**petualangan**	[petualaŋan]
trip, journey	**perjalanan, lawatan**	[pərdʒʲalanan], [lawatan]
vacation	**liburan**	[liburan]
to be on vacation	**berlibur**	[bərlibur]
rest	**istirahat**	[istirahat]
train	**kereta api**	[kereta api]
by train	**naik kereta api**	[nai' kereta api]
airplane	**pesawat terbang**	[pesawat tərbaŋ]
by airplane	**naik pesawat terbang**	[nai' pesawat tərbaŋ]
by car	**naik mobil**	[nai' mobil]
by ship	**naik kapal**	[nai' kapal]
luggage	**bagasi**	[bagasi]
suitcase	**koper**	[koper]
luggage cart	**troli bagasi**	[troli bagasi]
passport	**paspor**	[paspor]
visa	**visa**	[visa]
ticket	**tiket**	[tiket]
air ticket	**tiket pesawat terbang**	[tiket pesawat tərbaŋ]
guidebook	**buku pedoman**	[buku pedoman]
map (tourist ~)	**peta**	[peta]
area (rural ~)	**kawasan**	[kawasan]
place, site	**tempat**	[tempat]
exotica (n)	**keeksotisan**	[keeksotisan]
exotic (adj)	**eksotis**	[eksotis]
amazing (adj)	**menakjubkan**	[mənakdʒʲubkan]
group	**kelompok**	[kelompo']
excursion, sightseeing tour	**ekskursi**	[ekskursi]
guide (person)	**pemandu wisata**	[pemandu wisata]

100. Hotel

hotel, inn	**hotel**	[hotel]
motel	**motel**	[motel]
three-star (~ hotel)	**bintang tiga**	[bintaŋ tiga]
five-star	**bintang lima**	[bintaŋ lima]
to stay (in a hotel, etc.)	**menginap**	[məŋinap]
room	**kamar**	[kamar]
single room	**kamar tunggal**	[kamar tuŋgal]
double room	**kamar ganda**	[kamar ganda]
to book a room	**memesan kamar**	[memesan kamar]
half board	**sewa setengah**	[sewa seteŋah]
full board	**sewa penuh**	[sewa penuh]
with bath	**dengan kamar mandi**	[deŋan kamar mandi]
with shower	**dengan pancuran**	[deŋan pantʃuran]
satellite television	**televisi satelit**	[televisi satelit]
air-conditioner	**penyejuk udara**	[penjedʒʲuʔ udara]
towel	**handuk**	[handuʔ]
key	**kunci**	[kuntʃi]
administrator	**administrator**	[administrator]
chambermaid	**pelayan kamar**	[pelajan kamar]
porter, bellboy	**porter**	[porter]
doorman	**pramupintu**	[pramupintu]
restaurant	**restoran**	[restoran]
pub, bar	**bar**	[bar]
breakfast	**makan pagi, sarapan**	[makan pagi], [sarapan]
dinner	**makan malam**	[makan malam]
buffet	**prasmanan**	[prasmanan]
lobby	**lobi**	[lobi]
elevator	**elevator**	[elevator]
DO NOT DISTURB	**JANGAN MENGGANGGU**	[dʒʲaŋan məŋgaŋgu]
NO SMOKING	**DILARANG MEROKOK!**	[dilaraŋ merokoʔ!]

TECHNICAL EQUIPMENT. TRANSPORTATION

Technical equipment

101. Computer

computer	**komputer**	[komputer]
notebook, laptop	**laptop**	[laptop]
to turn on	**menyalakan**	[mənjalakan]
to turn off	**mematikan**	[mematikan]
keyboard	**keyboard, papan tombol**	[keybor], [papan tombol]
key	**tombol**	[tombol]
mouse	**tetikus**	[tetikus]
mouse pad	**bantal tetikus**	[bantal tetikus]
button	**tombol**	[tombol]
cursor	**kursor**	[kursor]
monitor	**monitor**	[monitor]
screen	**layar**	[lajar]
hard disk	**hard disk, cakram keras**	[hard disk], [tʃakram keras]
hard disk capacity	**kapasitas cakram keras**	[kapasitas tʃakram keras]
memory	**memori**	[memori]
random access memory	**memori akses acak**	[memori akses atʃaʔ]
file	**file, berkas**	[file], [bərkas]
folder	**folder**	[folder]
to open (vt)	**membuka**	[membuka]
to close (vt)	**menutup**	[mənutup]
to save (vt)	**menyimpan**	[mənjimpan]
to delete (vt)	**menghapus**	[məŋhapus]
to copy (vt)	**menyalin**	[mənjalin]
to sort (vt)	**menyortir**	[mənjortir]
to transfer (copy)	**mentransfer**	[məntransfer]
program	**program**	[program]
software	**perangkat lunak**	[pəraŋkat lunaʔ]
programmer	**pemrogram**	[pemrogram]
to program (vt)	**memprogram**	[memprogram]
hacker	**peretas**	[pəretas]
password	**kata sandi**	[kata sandi]

| virus | virus | [virus] |
| to find, to detect | mendeteksi | [məndeteksi] |

| byte | bita | [bita] |
| megabyte | megabita | [megabita] |

| data | data | [data] |
| database | basis data, pangkalan data | [basis data], [paŋkalan data] |

cable (USB, etc.)	kabel	[kabel]
to disconnect (vt)	melepaskan	[melepaskan]
to connect (sth to sth)	menyambungkan	[mənjambuŋkan]

102. Internet. E-mail

Internet	Internet	[internet]
browser	peramban	[pəramban]
search engine	mesin telusur	[mesin telusur]
provider	provider	[provider]

webmaster	webmaster, perancang web	[webmaster], [pəranʧaŋ web]
website	situs web	[situs web]
webpage	halaman web	[halaman web]

| address (e-mail ~) | alamat | [alamat] |
| address book | buku alamat | [buku alamat] |

mailbox	kotak surat	[kotaʔ surat]
mail	surat	[surat]
full (adj)	penuh	[penuh]

message	pesan	[pesan]
incoming messages	pesan masuk	[pesan masuʔ]
outgoing messages	pesan keluar	[pesan keluar]

sender	pengirim	[peŋirim]
to send (vt)	mengirim	[məŋirim]
sending (of mail)	pengiriman	[peŋiriman]

| receiver | penerima | [penerima] |
| to receive (vt) | menerima | [mənerima] |

| correspondence | surat-menyurat | [surat-menyurat] |
| to correspond (vi) | surat-menyurat | [surat-menyurat] |

file	file, berkas	[file], [bərkas]
to download (vt)	mengunduh	[məŋunduh]
to create (vt)	membuat	[membuat]

| to delete (vt) | menghapus | [məŋhapus] |
| deleted (adj) | terhapus | [tərhapus] |

connection (ADSL, etc.)	koneksi	[koneksi]
speed	kecepatan	[ketʃepatan]
modem	modem	[modem]
access	akses	[akses]
port (e.g., input ~)	porta	[porta]

| connection (make a ~) | koneksi | [koneksi] |
| to connect to ... (vi) | terhubung ke ... | [tərhubuŋ ke ...] |

| to select (vt) | memilih | [memilih] |
| to search (for ...) | mencari ... | [mentʃari ...] |

103. Electricity

electricity	listrik	[listriʔ]
electric, electrical (adj)	listrik	[listriʔ]
electric power plant	pembangkit listrik	[pembaŋkit listriʔ]
energy	energi, tenaga	[energi], [tenaga]
electric power	tenaga listrik	[tenaga listriʔ]

light bulb	bohlam	[bohlam]
flashlight	lentera	[lentera]
street light	lampu jalan	[lampu dʒialan]

light	lampu	[lampu]
to turn on	menyalakan	[mənjalakan]
to turn off	mematikan	[mematikan]
to turn off the light	mematikan lampu	[mematikan lampu]

to burn out (vi)	mati	[mati]
short circuit	korsleting	[korsletiŋ]
broken wire	kabel putus	[kabel putus]
contact (electrical ~)	kontak	[kontaʔ]

light switch	sakelar	[sakelar]
wall socket	colokan	[tʃolokan]
plug	steker	[steker]
extension cord	kabel ekstensi	[kabel ekstensi]

fuse	sekering	[sekeriŋ]
cable, wire	kabel, kawat	[kabel], [kawat]
wiring	rangkaian kabel	[raŋkajan kabel]

ampere	ampere	[ampere]
amperage	kuat arus listrik	[kuat arus listriʔ]
volt	volt	[volt]
voltage	voltase	[voltase]

| electrical device | **perkakas listrik** | [pərkakas listriʔ] |
| indicator | **indikator** | [indikator] |

electrician	**tukang listrik**	[tukaŋ listriʔ]
to solder (vt)	**mematri**	[məmatri]
soldering iron	**besi solder**	[besi solder]
electric current	**arus listrik**	[arus listriʔ]

104. Tools

tool, instrument	**alat**	[alat]
tools	**peralatan**	[pəralatan]
equipment (factory ~)	**perlengkapan**	[pərleŋkapan]

hammer	**martil, palu**	[martil], [palu]
screwdriver	**obeng**	[obeŋ]
ax	**kapak**	[kapaʔ]

saw	**gergaji**	[gergadʒi]
to saw (vt)	**menggergaji**	[məŋgergadʒi]
plane (tool)	**serut**	[serut]
to plane (vt)	**menyerut**	[mənjerut]
soldering iron	**besi solder**	[besi solder]
to solder (vt)	**mematri**	[məmatri]

file (tool)	**kikir**	[kikir]
carpenter pincers	**tang**	[taŋ]
lineman's pliers	**catut**	[tʃatut]
chisel	**pahat**	[pahat]

drill bit	**mata bor**	[mata bor]
electric drill	**bor listrik**	[bor listriʔ]
to drill (vi, vt)	**mengebor**	[məŋebor]

knife	**pisau**	[pisau]
pocket knife	**pisau saku**	[pisau saku]
folding (~ knife)	**pisau lipat**	[pisau lipat]
blade	**mata pisau**	[mata pisau]

sharp (blade, etc.)	**tajam**	[tadʒiam]
dull, blunt (adj)	**tumpul**	[tumpul]
to get blunt (dull)	**menjadi tumpul**	[məndʒadi tumpul]
to sharpen (vt)	**mengasah**	[məŋasah]

bolt	**baut**	[baut]
nut	**mur**	[mur]
thread (of a screw)	**ulir**	[ulir]
wood screw	**sekrup**	[sekrup]
nail	**paku**	[paku]
nailhead	**paku payung**	[paku pajuŋ]

English	Indonesian	Pronunciation
ruler (for measuring)	mistar, penggaris	[mistar], [peŋgaris]
tape measure	meteran	[meteran]
spirit level	pengukur kedataran	[peŋukur kedataran]
magnifying glass	kaca pembesar	[katʃa pembesar]
measuring instrument	alat ukur	[alat ukur]
to measure (vt)	mengukur	[məŋukur]
scale (of thermometer, etc.)	skala	[skala]
readings	pencatatan	[pentʃatatan]
compressor	kompresor	[kompresor]
microscope	mikroskop	[mikroskop]
pump (e.g., water ~)	pompa	[pompa]
robot	robot	[robot]
laser	laser	[laser]
wrench	kunci pas	[kuntʃi pas]
adhesive tape	selotip	[selotip]
glue	lem	[lem]
sandpaper	kertas amplas	[kertas amplas]
spring	pegas, per	[pegas], [pər]
magnet	magnet	[magnet]
gloves	sarung tangan	[saruŋ taŋan]
rope	tali	[tali]
cord	tambang, tali	[tambaŋ], [tali]
wire (e.g., telephone ~)	kabel, kawat	[kabel], [kawat]
cable	kabel, kawat	[kabel], [kawat]
sledgehammer	palu godam	[palu godam]
prybar	linggis	[liŋgis]
ladder	tangga	[taŋga]
stepladder	tangga	[taŋga]
to screw (tighten)	mengencangkan	[məŋentʃaŋkan]
to unscrew (lid, filter, etc.)	mengendurkan	[məŋendurkan]
to tighten (e.g., with a clamp)	mengencangkan	[məŋentʃaŋkan]
to glue, to stick	menempelkan	[mənempelkan]
to cut (vt)	memotong	[memotoŋ]
malfunction (fault)	malafungsi, kerusakan	[malafuŋsi], [kerusakan]
repair (mending)	perbaikan	[pərbajkan]
to repair, to fix (vt)	mereparasi, memperbaiki	[mereparasi], [memperbajki]
to adjust (machine, etc.)	menyetel	[mənetel]
to check (to examine)	memeriksa	[memeriksa]
checking	pemeriksaan	[pemeriksa'an]

readings	**pencatatan**	[pentʃatatan]
reliable, solid (machine)	**andal**	[andal]
complex (adj)	**rumit**	[rumit]
to rust (get rusted)	**berkarat, karatan**	[bərkarat], [karatan]
rusty, rusted (adj)	**berkarat, karatan**	[bərkarat], [karatan]
rust	**karat**	[karat]

Transportation

105. Airplane

airplane	**pesawat terbang**	[pesawat tərbaŋ]
air ticket	**tiket pesawat terbang**	[tiket pesawat tərbaŋ]
airline	**maskapai penerbangan**	[maskapaj penerbaŋan]
airport	**bandara**	[bandara]
supersonic (adj)	**supersonik**	[supersoniʔ]
captain	**kapten**	[kapten]
crew	**awak**	[awaʔ]
pilot	**pilot**	[pilot]
flight attendant (fem.)	**pramugari**	[pramugari]
navigator	**navigator, penavigasi**	[navigator], [penavigasi]
wings	**sayap**	[sajap]
tail	**ekor**	[ekor]
cockpit	**kokpit**	[kokpit]
engine	**mesin**	[mesin]
undercarriage (landing gear)	**roda pendarat**	[roda pendarat]
turbine	**turbin**	[turbin]
propeller	**baling-baling**	[baliŋ-baliŋ]
black box	**kotak hitam**	[kotaʔ hitam]
yoke (control column)	**kemudi**	[kemudi]
fuel	**bahan bakar**	[bahan bakar]
safety card	**instruksi keselamatan**	[instruksi keselamatan]
oxygen mask	**masker oksigen**	[masker oksigen]
uniform	**seragam**	[seragam]
life vest	**jaket pelampung**	[dʒ‍aket pelampuŋ]
parachute	**parasut**	[parasut]
takeoff	**lepas landas**	[lepas landas]
to take off (vi)	**bertolak**	[bertolaʔ]
runway	**jalur lepas landas**	[dʒ‍alur lepas landas]
visibility	**visibilitas, pandangan**	[visibilitas], [pandaŋan]
flight (act of flying)	**penerbangan**	[penerbaŋan]
altitude	**ketinggian**	[ketiŋgian]
air pocket	**lubang udara**	[lubaŋ udara]
seat	**tempat duduk**	[tempat duduʔ]
headphones	**headphone, fonkepala**	[headphone], [fonkepala]

folding tray (tray table)	meja lipat	[medʒʲa lipat]
airplane window	jendela pesawat	[dʒʲendela pesawat]
aisle	lorong	[loroŋ]

106. Train

train	kereta api	[kereta api]
commuter train	kereta api listrik	[kereta api listriʔ]
express train	kereta api cepat	[kereta api tʃepat]
diesel locomotive	lokomotif diesel	[lokomotif disel]
steam locomotive	lokomotif uap	[lokomotif uap]

| passenger car | gerbong penumpang | [gerboŋ penumpaŋ] |
| dining car | gerbong makan | [gerboŋ makan] |

rails	rel	[rel]
railroad	rel kereta api	[rel kereta api]
railway tie	bantalan rel	[bantalan rel]

platform (railway ~)	platform	[platform]
track (~ 1, 2, etc.)	jalur	[dʒʲalur]
semaphore	semafor	[semafor]
station	stasiun	[stasiun]

engineer (train driver)	masinis	[masinis]
porter (of luggage)	porter	[porter]
car attendant	kondektur	[kondektur]
passenger	penumpang	[penumpaŋ]
conductor (ticket inspector)	kondektur	[kondektur]

| corridor (in train) | koridor | [koridor] |
| emergency brake | rem darurat | [rem darurat] |

compartment	kabin	[kabin]
berth	bangku	[baŋku]
upper berth	bangku atas	[baŋku atas]
lower berth	bangku bawah	[baŋku bawah]
bed linen, bedding	kain kasur	[kain kasur]

ticket	tiket	[tiket]
schedule	jadwal	[dʒʲadwal]
information display	layar informasi	[lajar informasi]

to leave, to depart	berangkat	[beraŋkat]
departure (of train)	keberangkatan	[keberaŋkatan]
to arrive (ab. train)	datang	[dataŋ]
arrival	kedatangan	[kedataŋan]
to arrive by train	datang naik kereta api	[dataŋ najʔ kereta api]
to get on the train	naik ke kereta	[naiʔ ke kereta]

to get off the train	**turun dari kereta**	[turun dari kereta]
train wreck	**kecelakaan kereta**	[ketʃelaka'an kereta]
to derail (vi)	**keluar rel**	[keluar rel]

steam locomotive	**lokomotif uap**	[lokomotif uap]
stoker, fireman	**juru api**	[dʒʲuru api]
firebox	**tungku**	[tuŋku]
coal	**batu bara**	[batu bara]

107. Ship

| ship | **kapal** | [kapal] |
| vessel | **kapal** | [kapal] |

steamship	**kapal uap**	[kapal uap]
riverboat	**kapal api**	[kapal api]
cruise ship	**kapal laut**	[kapal laut]
cruiser	**kapal penjelajah**	[kapal pendʒʲeladʒʲah]

yacht	**perahu pesiar**	[perahu pesiar]
tugboat	**kapal tunda**	[kapal tunda]
barge	**tongkang**	[toŋkaŋ]
ferry	**feri**	[feri]

| sailing ship | **kapal layar** | [kapal lajar] |
| brigantine | **kapal brigantin** | [kapal brigantin] |

| ice breaker | **kapal pemecah es** | [kapal pemetʃah es] |
| submarine | **kapal selam** | [kapal selam] |

boat (flat-bottomed ~)	**perahu**	[perahu]
dinghy	**sekoci**	[sekotʃi]
lifeboat	**sekoci penyelamat**	[sekotʃi penjelamat]
motorboat	**perahu motor**	[perahu motor]

captain	**kapten**	[kapten]
seaman	**kelasi**	[kelasi]
sailor	**pelaut**	[pelaut]
crew	**awak**	[awa']

boatswain	**bosman, bosun**	[bosman], [bosun]
ship's boy	**kadet laut**	[kadet laut]
cook	**koki**	[koki]
ship's doctor	**dokter kapal**	[dokter kapal]

deck	**dek**	[de']
mast	**tiang**	[tiaŋ]
sail	**layar**	[lajar]
hold	**lambung kapal**	[lambuŋ kapal]
bow (prow)	**haluan**	[haluan]

stern	buritan	[buritan]
oar	dayung	[dajuŋ]
screw propeller	baling-baling	[baliŋ-baliŋ]
cabin	kabin	[kabin]
wardroom	ruang rekreasi	[ruaŋ rekreasi]
engine room	ruang mesin	[ruaŋ mesin]
bridge	anjungan kapal	[andʲuŋan kapal]
radio room	ruang radio	[ruaŋ radio]
wave (radio)	gelombang radio	[gelombaŋ radio]
logbook	buku harian kapal	[buku harian kapal]
spyglass	teropong	[təropoŋ]
bell	lonceng	[lontʃeŋ]
flag	bendera	[bendera]
hawser (mooring ~)	tali	[tali]
knot (bowline, etc.)	simpul	[simpul]
deckrails	pegangan	[pegaŋan]
gangway	tangga kapal	[taŋga kapal]
anchor	jangkar	[dʲʲaŋkar]
to weigh anchor	mengangkat jangkar	[məŋaŋkat dʲʲaŋkar]
to drop anchor	menjatuhkan jangkar	[məndʲʲatuhkan dʲʲaŋkar]
anchor chain	rantai jangkar	[rantaj dʲʲaŋkar]
port (harbor)	pelabuhan	[pelabuhan]
quay, wharf	dermaga	[dermaga]
to berth (moor)	merapat	[merapat]
to cast off	bertolak	[bərtolaʔ]
trip, voyage	pengembaraan	[peŋembara'an]
cruise (sea trip)	pesiar	[pesiar]
course (route)	haluan	[haluan]
route (itinerary)	rute	[rute]
shallows	beting	[betiŋ]
to run aground	kandas	[kandas]
storm	badai	[badaj]
signal	sinyal	[sinjal]
to sink (vi)	tenggelam	[teŋgelam]
Man overboard!	Orang hanyut!	[oraŋ hanyut!]
SOS (distress signal)	SOS	[es-o-es]
ring buoy	pelampung penyelamat	[pelampuŋ penjelamat]

108. Airport

airport	bandara	[bandara]
airplane	pesawat terbang	[pesawat tərbaŋ]

English	Indonesian	Pronunciation
airline	**maskapai penerbangan**	[maskapaj penerbaŋan]
air traffic controller	**pengawas lalu lintas udara**	[peŋawas lalu lintas udara]
departure	**keberangkatan**	[keberaŋkatan]
arrival	**kedatangan**	[kedataŋan]
to arrive (by plane)	**datang**	[dataŋ]
departure time	**waktu keberangkatan**	[waktu keberaŋkatan]
arrival time	**waktu kedatangan**	[waktu kedataŋan]
to be delayed	**terlambat**	[tərlambat]
flight delay	**penundaan penerbangan**	[penunda'an penerbaŋan]
information board	**papan informasi**	[papan informasi]
information	**informasi**	[informasi]
to announce (vt)	**mengumumkan**	[məŋumumkan]
flight (e.g., next ~)	**penerbangan**	[penerbaŋan]
customs	**pabean**	[pabean]
customs officer	**petugas pabean**	[petugas pabean]
customs declaration	**pernyataan pabean**	[pərnjata'an pabean]
to fill out (vt)	**mengisi**	[məŋisi]
to fill out the declaration	**mengisi formulir bea cukai**	[məŋisi formulir bea tʃukaj]
passport control	**pemeriksaan paspor**	[pemeriksa'an paspor]
luggage	**bagasi**	[bagasi]
hand luggage	**jinjingan**	[dʒindʒiŋan]
luggage cart	**troli bagasi**	[troli bagasi]
landing	**pendaratan**	[pendaratan]
landing strip	**jalur pendaratan**	[dʒʲalur pendaratan]
to land (vi)	**mendarat**	[məndarat]
airstairs	**tangga pesawat**	[taŋga pesawat]
check-in	**check-in**	[tʃekin]
check-in counter	**meja check-in**	[medʒʲa tʃekin]
to check-in (vi)	**check-in**	[tʃekin]
boarding pass	**kartu pas**	[kartu pas]
departure gate	**gerbang keberangkatan**	[gerbaŋ keberaŋkatan]
transit	**transit**	[transit]
to wait (vt)	**menunggu**	[mənuŋgu]
departure lounge	**ruang tunggu**	[ruaŋ tuŋgu]
to see off	**mengantar**	[məŋantar]
to say goodbye	**berpamitan**	[bərpamitan]

Life events

109. Holidays. Event

celebration, holiday	perayaan	[pəraja'an]
national day	hari besar nasional	[hari besar nasional]
public holiday	hari libur	[hari libur]
to commemorate (vt)	merayakan	[merajakan]
event (happening)	peristiwa, kejadian	[pəristiwa], [kedʒˈadian]
event (organized activity)	acara	[atʃara]
banquet (party)	banket	[banket]
reception (formal party)	resepsi	[resepsi]
feast	pesta	[pesta]
anniversary	hari jadi, HUT	[hari dʒˈadi], [ha-u-te]
jubilee	yubileum	[yubileum]
to celebrate (vt)	merayakan	[merajakan]
New Year	Tahun Baru	[tahun baru]
Happy New Year!	Selamat Tahun Baru!	[selamat tahun baru!]
Santa Claus	Sinterklas	[sinterklas]
Christmas	Natal	[natal]
Merry Christmas!	Selamat Hari Natal!	[selamat hari natal!]
Christmas tree	pohon Natal	[pohon natal]
fireworks (fireworks show)	kembang api	[kembaŋ api]
wedding	pernikahan	[pərnikahan]
groom	mempelai lelaki	[mempelaj lelaki]
bride	mempelai perempuan	[mempelaj pərempuan]
to invite (vt)	mengundang	[məŋundaŋ]
invitation card	kartu undangan	[kartu undaŋan]
guest	tamu	[tamu]
to visit (~ your parents, etc.)	mengunjungi	[məŋundʒˈuŋi]
to meet the guests	menyambut tamu	[mənjambut tamu]
gift, present	hadiah	[hadiah]
to give (sth as present)	memberi	[memberi]
to receive gifts	menerima hadiah	[mənerima hadiah]
bouquet (of flowers)	buket	[buket]
congratulations	ucapan selamat	[utʃapan selamat]
to congratulate (vt)	mengucapkan selamat	[məŋutʃapkan selamat]

greeting card	kartu ucapan selamat	[kartu utʃapan selamat]
to send a postcard	mengirim kartu pos	[məŋirim kartu pos]
to get a postcard	menerima kartu pos	[mənerima kartu pos]

toast	toas	[toas]
to offer (a drink, etc.)	menawari	[mənawari]
champagne	sampanye	[sampanje]

to enjoy oneself	bersukaria	[bərsukaria]
merriment (gaiety)	keriangan, kegembiraan	[kerianan], [kegembiraʔan]
joy (emotion)	kegembiraan	[kegembiraʔan]

| dance | dansa, tari | [dansa], [tari] |
| to dance (vi, vt) | berdansa, menari | [bərdansa], [mənari] |

| waltz | wals | [wals] |
| tango | tango | [taŋo] |

110. Funerals. Burial

cemetery	pemakaman	[pemakaman]
grave, tomb	makam	[makam]
cross	salib	[salib]
gravestone	batu nisan	[batu nisan]
fence	pagar	[pagar]
chapel	kapel	[kapel]

| death | kematian | [kematian] |
| to die (vi) | mati, meninggal | [mati], [meniŋgal] |

| the deceased | almarhum | [almarhum] |
| mourning | perkabungan | [pərkabuŋan] |

to bury (vt)	memakamkan	[memakamkan]
funeral home	rumah duka	[rumah duka]
funeral	pemakaman	[pemakaman]

| wreath | karangan bunga | [karaŋan buŋa] |
| casket, coffin | keranda | [keranda] |

| hearse | mobil jenazah | [mobil dʒʲenazah] |
| shroud | kain kafan | [kain kafan] |

funeral procession	prosesi pemakaman	[prosesi pemakaman]
funerary urn	guci abu jenazah	[gutʃi abu dʒʲenazah]
crematory	krematorium	[krematorium]

obituary	obituarium	[obituarium]
to cry (weep)	menangis	[mənaŋis]
to sob (vi)	meratap	[meratap]

111. War. Soldiers

platoon	**peleton**	[peleton]
company	**kompi**	[kompi]
regiment	**resimen**	[resimen]
army	**tentara**	[tentara]
division	**divisi**	[divisi]

section, squad	**pasukan**	[pasukan]
host (army)	**tentara**	[tentara]

soldier	**tentara, serdadu**	[tentara], [serdadu]
officer	**perwira**	[pərwira]

private	**prajurit**	[pradʒʲurit]
sergeant	**sersan**	[sersan]
lieutenant	**letnan**	[letnan]
captain	**kapten**	[kapten]
major	**mayor**	[major]
colonel	**kolonel**	[kolonel]
general	**jenderal**	[dʒʲenderal]

sailor	**pelaut**	[pelaut]
captain	**kapten**	[kapten]
boatswain	**bosman, bosun**	[bosman], [bosun]

artilleryman	**tentara artileri**	[tentara artileri]
paratrooper	**pasukan penerjun**	[pasukan penerdʒʲun]
pilot	**pilot**	[pilot]
navigator	**navigator, penavigasi**	[navigator], [penavigasi]
mechanic	**mekanik**	[mekaniʔ]

pioneer (sapper)	**pencari ranjau**	[pentʃari randʒʲau]
parachutist	**parasutis**	[parasutis]
reconnaissance scout	**pengintai**	[peŋintaj]
sniper	**penembak jitu**	[penembaʔ dʒitu]

patrol (group)	**patroli**	[patroli]
to patrol (vt)	**berpatroli**	[bərpatroli]
sentry, guard	**pengawal**	[peŋawal]

warrior	**prajurit**	[pradʒʲurit]
hero	**pahlawan**	[pahlawan]
heroine	**pahlawan wanita**	[pahlawan wanita]
patriot	**patriot**	[patriot]

traitor	**pengkhianat**	[peŋhianat]
to betray (vt)	**mengkhianati**	[meŋhianati]

deserter	**desertir**	[desertir]
to desert (vi)	**melakukan desersi**	[melakukan desersi]

mercenary	**tentara bayaran**	[tentara bajaran]
recruit	**rekrut, calon tentara**	[rekrut], [tʃalon tentara]
volunteer	**sukarelawan**	[sukarelawan]
dead (n)	**korban meninggal**	[korban meniŋgal]
wounded (n)	**korban luka**	[korban luka]
prisoner of war	**tawanan perang**	[tawanan peraŋ]

112. War. Military actions. Part 1

war	**perang**	[peraŋ]
to be at war	**berperang**	[berperaŋ]
civil war	**perang saudara**	[peraŋ saudara]
treacherously (adv)	**secara curang**	[setʃara tʃuraŋ]
declaration of war	**pernyataan perang**	[pernjata'an peraŋ]
to declare (~ war)	**menyatakan perang**	[menjatakan peraŋ]
aggression	**agresi**	[agresi]
to attack (invade)	**menyerang**	[menjeraŋ]
to invade (vt)	**menduduki**	[menduduki]
invader	**penduduk**	[pendudu']
conqueror	**penakluk**	[penaklu']
defense	**pertahanan**	[pertahanan]
to defend (a country, etc.)	**mempertahankan**	[mempertahankan]
to defend (against ...)	**bertahan ...**	[bertahan ...]
enemy	**musuh**	[musuh]
foe, adversary	**lawan**	[lawan]
enemy (as adj)	**musuh**	[musuh]
strategy	**strategi**	[strategi]
tactics	**taktik**	[takti']
order	**perintah**	[perintah]
command (order)	**perintah**	[perintah]
to order (vt)	**memerintahkan**	[memerintahkan]
mission	**tugas**	[tugas]
secret (adj)	**rahasia**	[rahasia]
battle	**pertempuran**	[pertempuran]
combat	**pertempuran**	[pertempuran]
attack	**serangan**	[seraŋan]
charge (assault)	**serbuan**	[serbuan]
to storm (vt)	**menyerbu**	[menjerbu]
siege (to be under ~)	**kepungan**	[kepuŋan]
offensive (n)	**serangan**	[seraŋan]
to go on the offensive	**menyerang**	[menjeraŋ]

| retreat | pengunduran | [peŋunduran] |
| to retreat (vi) | mundur | [mundur] |

| encirclement | pengepungan | [peŋepuŋan] |
| to encircle (vt) | mengepung | [məŋepuŋ] |

bombing (by aircraft)	pengeboman	[peŋeboman]
to drop a bomb	menjatuhkan bom	[məndʒʲatuhkan bom]
to bomb (vt)	mengebom	[məŋebom]
explosion	ledakan	[ledakan]

shot	tembakan	[tembakan]
to fire (~ a shot)	melepaskan	[melepaskan]
firing (burst of ~)	penembakan	[penembakan]

to aim (to point a weapon)	membidik	[membidiʔ]
to point (a gun)	mengarahkan	[məŋarahkan]
to hit (the target)	mengenai	[məŋenaj]

to sink (~ a ship)	menenggelamkan	[menəŋgelamkan]
hole (in a ship)	lubang	[lubaŋ]
to founder, to sink (vi)	karam	[karam]

front (war ~)	garis depan	[garis depan]
evacuation	evakuasi	[evakuasi]
to evacuate (vt)	mengevakuasi	[məŋevakuasi]

trench	parit perlindungan	[parit pərlinduŋan]
barbwire	kawat berduri	[kawat bərduri]
barrier (anti tank ~)	rintangan	[rintaŋan]
watchtower	menara	[mənara]

military hospital	rumah sakit militer	[rumah sakit militer]
to wound (vt)	melukai	[melukaj]
wound	luka	[luka]
wounded (n)	korban luka	[korban luka]
to be wounded	terluka	[tərluka]
serious (wound)	parah	[parah]

113. War. Military actions. Part 2

captivity	tawanan	[tawanan]
to take captive	menawan	[mənawan]
to be held captive	ditawan	[ditawan]
to be taken captive	tertawan	[tərtawan]

concentration camp	kamp konsentrasi	[kamp konsentrasi]
prisoner of war	tawanan perang	[tawanan pəraŋ]
to escape (vi)	melarikan diri	[melarikan diri]
to betray (vt)	mengkhianati	[məŋhianati]

English	Indonesian	Pronunciation
betrayer	**pengkhianat**	[peŋhianat]
betrayal	**pengkhianatan**	[peŋhianatan]
to execute (by firing squad)	**mengeksekusi**	[məŋeksekusi]
execution (by firing squad)	**eksekusi**	[eksekusi]
equipment (military gear)	**perlengkapan**	[pərleŋkapan]
shoulder board	**epolet**	[epolet]
gas mask	**masker gas**	[masker gas]
field radio	**pemancar radio**	[pemantʃar radio]
cipher, code	**kode**	[kode]
secrecy	**kerahasiaan**	[kerahasia'an]
password	**kata sandi**	[kata sandi]
land mine	**ranjau darat**	[randʒau darat]
to mine (road, etc.)	**memasang ranjau**	[memasaŋ randʒau]
minefield	**padang yang dipenuhi ranjau**	[padaŋ yaŋ dipenuhi randʒau]
air-raid warning	**peringatan serangan udara**	[pəriŋatan seraŋan udara]
alarm (alert signal)	**alarm serangan udara**	[alarm seraŋan udara]
signal	**sinyal**	[sinjal]
signal flare	**roket sinyal**	[roket sinjal]
headquarters	**markas**	[markas]
reconnaissance	**pengintaian**	[peŋintajan]
situation	**keadaan**	[keada'an]
report	**laporan**	[laporan]
ambush	**penyergapan**	[penjergapan]
reinforcement (of army)	**bala bantuan**	[bala bantuan]
target	**sasaran**	[sasaran]
proving ground	**lapangan tembak**	[lapaŋan temba']
military exercise	**latihan perang**	[latihan peraŋ]
panic	**panik**	[pani']
devastation	**pengrusakan**	[peŋrusakan]
destruction, ruins	**penghancuran**	[peŋhantʃuran]
to destroy (vt)	**menghancurkan**	[məŋhantʃurkan]
to survive (vi, vt)	**menyintas**	[mənjintas]
to disarm (vt)	**melucuti**	[melutʃuti]
to handle (~ a gun)	**mengendalikan**	[məŋendalikan]
Attention!	**Siap!**	[siap!]
At ease!	**Istirahat di tempat!**	[istirahat di tempat!]
act of courage	**keberanian**	[keberanian]
oath (vow)	**sumpah**	[sumpah]

to swear (an oath)	**bersumpah**	[bərsumpah]
decoration (medal, etc.)	**anugerah**	[anugerah]
to award (give medal to)	**menganugerahi**	[məŋanugerahi]
medal	**medali**	[medali]
order (e.g., ~ of Merit)	**bintang kehormatan**	[bintaŋ kehormatan]
victory	**kemenangan**	[kemenaŋan]
defeat	**kekalahan**	[kekalahan]
armistice	**gencatan senjata**	[gentʃatan sendʒiata]
standard (battle flag)	**bendera**	[bendera]
glory (honor, fame)	**kehormatan**	[kehormatan]
parade	**parade**	[parade]
to march (on parade)	**berbaris**	[berbaris]

114. Weapons

weapons	**senjata**	[sendʒiata]
firearms	**senjata api**	[sendʒiata api]
cold weapons (knives, etc.)	**sejata tajam**	[sedʒiata tadʒiam]
chemical weapons	**senjata kimia**	[sendʒiata kimia]
nuclear (adj)	**nuklir**	[nuklir]
nuclear weapons	**senjata nuklir**	[sendʒiata nuklir]
bomb	**bom**	[bom]
atomic bomb	**bom atom**	[bom atom]
pistol (gun)	**pistol**	[pistol]
rifle	**senapan**	[senapan]
submachine gun	**senapan otomatis**	[senapan otomatis]
machine gun	**senapan mesin**	[senapan mesin]
muzzle	**moncong**	[montʃoŋ]
barrel	**laras**	[laras]
caliber	**kaliber**	[kaliber]
trigger	**pelatuk**	[pelatuʔ]
sight (aiming device)	**pembidik**	[pembidiʔ]
magazine	**magasin**	[magasin]
butt (shoulder stock)	**pantat senapan**	[pantat senapan]
hand grenade	**granat tangan**	[granat taŋan]
explosive	**bahan peledak**	[bahan peledaʔ]
bullet	**peluru**	[peluru]
cartridge	**patrun**	[patrun]
charge	**isian**	[isian]
ammunition	**amunisi**	[amunisi]

bomber (aircraft)	**pesawat pengebom**	[pesawat peŋebom]
fighter	**pesawat pemburu**	[pesawat pemburu]
helicopter	**helikopter**	[helikopter]

anti-aircraft gun	**meriam penangkis serangan udara**	[meriam penaŋkis seraŋan udara]
tank	**tank**	[tanʔ]
tank gun	**meriam tank**	[meriam tanʔ]

artillery	**artileri**	[artileri]
gun (cannon, howitzer)	**meriam**	[meriam]
to lay (a gun)	**mengarahkan**	[məŋarahkan]

shell (projectile)	**peluru**	[peluru]
mortar bomb	**peluru mortir**	[peluru mortir]
mortar	**mortir**	[mortir]
splinter (shell fragment)	**serpihan**	[serpihan]

submarine	**kapal selam**	[kapal selam]
torpedo	**torpedo**	[torpedo]
missile	**rudal**	[rudal]

to load (gun)	**mengisi**	[məŋisi]
to shoot (vi)	**menembak**	[mənembaʔ]
to point at (the cannon)	**membidik**	[membidiʔ]
bayonet	**bayonet**	[bajonet]

rapier	**pedang rapier**	[pedaŋ rapier]
saber (e.g., cavalry ~)	**pedang saber**	[pedaŋ saber]
spear (weapon)	**lembing**	[lembiŋ]
bow	**busur panah**	[busur panah]
arrow	**anak panah**	[anaʔ panah]
musket	**senapan lantak**	[senapan lantaʔ]
crossbow	**busur silang**	[busur silaŋ]

115. Ancient people

primitive (prehistoric)	**primitif**	[primitif]
prehistoric (adj)	**prasejarah**	[prasedʒʲarah]
ancient (~ civilization)	**kuno**	[kuno]

Stone Age	**Zaman Batu**	[zaman batu]
Bronze Age	**Zaman Perunggu**	[zaman pəruŋgu]
Ice Age	**Zaman Es**	[zaman es]

tribe	**suku**	[suku]
cannibal	**kanibal**	[kanibal]
hunter	**pemburu**	[pemburu]
to hunt (vi, vt)	**berburu**	[bərburu]
mammoth	**mamut**	[mamut]

cave	gua	[gua]
fire	api	[api]
campfire	api unggun	[api uŋgun]
cave painting	lukisan gua	[lukisan gua]

tool (e.g., stone ax)	alat kerja	[alat kerdʒʲa]
spear	tombak	[tombaʔ]
stone ax	kapak batu	[kapaʔ batu]
to be at war	berperang	[bərperaŋ]
to domesticate (vt)	menjinakkan	[məndʒinaʔkan]

idol	berhala	[bərhala]
to worship (vt)	memuja	[memudʒʲa]
superstition	takhayul	[tahajul]
rite	upacara	[upatʃara]

evolution	evolusi	[evolusi]
development	perkembangan	[pərkembaŋan]
disappearance (extinction)	kehilangan	[kehilaŋan]
to adapt oneself	menyesuaikan diri	[mənjesuajkan diri]

archeology	arkeologi	[arkeologi]
archeologist	arkeolog	[arkeolog]
archeological (adj)	arkeologis	[arkeologis]

excavation site	situs ekskavasi	[situs ekskavasi]
excavations	ekskavasi	[ekskavasi]
find (object)	penemuan	[penemuan]
fragment	fragmen	[fragmen]

116. Middle Ages

people (ethnic group)	rakyat	[rakjat]
peoples	bangsa-bangsa	[baŋsa-baŋsa]
tribe	suku	[suku]
tribes	suku-suku	[suku-suku]

barbarians	kaum barbar	[kaum barbar]
Gauls	kaum Gaul	[kaum gaul]
Goths	kaum Goth	[kaum got]
Slavs	kaum Slavia	[kaum slavia]
Vikings	kaum Viking	[kaum vikiŋ]

| Romans | kaum Roma | [kaum roma] |
| Roman (adj) | Romawi | [romawi] |

Byzantines	kaum Byzantium	[kaum bizantium]
Byzantium	Byzantium	[bizantium]
Byzantine (adj)	Byzantium	[bizantium]
emperor	kaisar	[kajsar]

English	Indonesian	Pronunciation
leader, chief (tribal ~)	**pemimpin**	[pemimpin]
powerful (~ king)	**adikuasa, berkuasa**	[adikuasa], [bərkuasa]
king	**raja**	[radʒ'a]
ruler (sovereign)	**penguasa**	[peŋuasa]
knight	**ksatria**	[ksatria]
feudal lord	**tuan**	[tuan]
feudal (adj)	**feodal**	[feodal]
vassal	**vasal**	[vasal]
duke	**duke**	[duke]
earl	**earl**	[earl]
baron	**baron**	[baron]
bishop	**uskup**	[uskup]
armor	**baju besi**	[badʒ'u besi]
shield	**perisai**	[perisaj]
sword	**pedang**	[pedaŋ]
visor	**visor, topeng besi**	[visor], [topeŋ besi]
chainmail	**baju zirah**	[badʒ'u zirah]
Crusade	**Perang Salib**	[peraŋ salib]
crusader	**kaum salib**	[kaum salib]
territory	**wilayah**	[wilajah]
to attack (invade)	**menyerang**	[məɲeraŋ]
to conquer (vt)	**menaklukkan**	[mənaklu'kan]
to occupy (invade)	**menduduki**	[mənduduki]
siege (to be under ~)	**kepungan**	[kepuŋan]
besieged (adj)	**terkepung**	[tərkepuŋ]
to besiege (vt)	**mengepung**	[məŋepuŋ]
inquisition	**inkuisisi**	[inkuisisi]
inquisitor	**inkuisitor**	[inkuisitor]
torture	**siksaan**	[siksa'an]
cruel (adj)	**kejam**	[kedʒ'am]
heretic	**penganut bidah**	[peŋanut bidah]
heresy	**bidah**	[bidah]
seafaring	**pelayaran laut**	[pelajaran laut]
pirate	**bajak laut**	[badʒ'a' laut]
piracy	**pembajakan**	[pembadʒ'akan]
boarding (attack)	**serangan terhadap kapal dari dekat**	[seraŋan terhadap kapal dari dekat]
loot, booty	**rampasan**	[rampasan]
treasures	**harta karun**	[harta karun]
discovery	**penemuan**	[penemuan]
to discover (new land, etc.)	**menemukan**	[mənemukan]
expedition	**ekspedisi**	[ekspedisi]
musketeer	**musketir**	[musketir]

cardinal	**kardinal**	[kardinal]
heraldry	**heraldik**	[heraldiʔ]
heraldic (adj)	**heraldik**	[heraldiʔ]

117. Leader. Chief. Authorities

king	**raja**	[radʒʲa]
queen	**ratu**	[ratu]
royal (adj)	**kerajaan, raja**	[keradʒʲa'an], [radʒʲa]
kingdom	**kerajaan**	[keradʒʲa'an]

| prince | **pangeran** | [paŋeran] |
| princess | **putri** | [putri] |

president	**presiden**	[presiden]
vice-president	**wakil presiden**	[wakil presiden]
senator	**senator**	[senator]
monarch	**monark**	[monarʔ]
ruler (sovereign)	**penguasa**	[peŋuasa]
dictator	**diktator**	[diktator]
tyrant	**tiran**	[tiran]
magnate	**magnat**	[magnat]

director	**direktur**	[direktur]
chief	**atasan**	[atasan]
manager (director)	**manajer**	[manadʒʲer]
boss	**bos**	[bos]
owner	**pemilik**	[pemiliʔ]
leader	**pemimpin**	[pemimpin]
head (~ of delegation)	**kepala**	[kepala]
authorities	**pihak berwenang**	[pihaʔ berwenaŋ]
superiors	**atasan**	[atasan]

governor	**gabernur**	[gabernur]
consul	**konsul**	[konsul]
diplomat	**diplomat**	[diplomat]
mayor	**walikota**	[walikota]
sheriff	**sheriff**	[ʃeriff]

emperor	**kaisar**	[kajsar]
tsar, czar	**tsar, raja**	[tsar], [radʒʲa]
pharaoh	**firaun**	[firaun]
khan	**khan**	[han]

118. Breaking the law. Criminals. Part 1

| bandit | **bandit** | [bandit] |
| crime | **kejahatan** | [kedʒʲahatan] |

English	Indonesian	Pronunciation
criminal (person)	**penjahat**	[pendʒ|ahat]
thief	**pencuri**	[pentʃuri]
to steal (vi, vt)	**mencuri**	[məntʃuri]
stealing, theft	**pencurian**	[pentʃurian]
to kidnap (vt)	**menculik**	[məntʃuliʔ]
kidnapping	**penculikan**	[pentʃulikan]
kidnapper	**penculik**	[pentʃuliʔ]
ransom	**uang tebusan**	[uaŋ tebusan]
to demand ransom	**menuntut uang tebusan**	[mənuntut uaŋ tebusan]
to rob (vt)	**merampok**	[merampoʔ]
robbery	**perampokan**	[pərampokan]
robber	**perampok**	[pərampoʔ]
to extort (vt)	**memeras**	[memeras]
extortionist	**pemeras**	[pemeras]
extortion	**pemerasan**	[pemerasan]
to murder, to kill	**membunuh**	[membunuh]
murder	**pembunuhan**	[pembunuhan]
murderer	**pembunuh**	[pembunuh]
gunshot	**tembakan**	[tembakan]
to fire (~ a shot)	**melepaskan**	[melepaskan]
to shoot to death	**menembak mati**	[mənembaʔ mati]
to shoot (vi)	**menembak**	[mənembaʔ]
shooting	**penembakan**	[penembakan]
incident (fight, etc.)	**insiden, kejadian**	[insiden], [kedʒ|adian]
fight, brawl	**perkelahian**	[pərkelahian]
Help!	**Tolong!**	[toloŋ!]
victim	**korban**	[korban]
to damage (vt)	**merusak**	[merusaʔ]
damage	**kerusakan**	[kerusakan]
dead body, corpse	**jenazah, mayat**	[dʒ|enazah], [majat]
grave (~ crime)	**berat**	[berat]
to attack (vt)	**menyerang**	[mənjeraŋ]
to beat (to hit)	**memukul**	[memukul]
to beat up	**memukuli**	[memukuli]
to take (rob of sth)	**merebut**	[merebut]
to stab to death	**menikam mati**	[mənikam mati]
to maim (vt)	**mencederai**	[məntʃederaj]
to wound (vt)	**melukai**	[melukaj]
blackmail	**pemerasan**	[pemerasan]
to blackmail (vt)	**memeras**	[memeras]
blackmailer	**pemeras**	[pemeras]
protection racket	**pemerasan**	[pemerasan]

racketeer	**pemeras**	[pemeras]
gangster	**gangster, preman**	[gaŋster], [preman]
mafia, Mob	**mafia**	[mafia]
pickpocket	**pencopet**	[pentʃopet]
burglar	**perampok**	[pərampo']
smuggling	**penyelundupan**	[penjelundupan]
smuggler	**penyelundup**	[penjelundup]
forgery	**pemalsuan**	[pemalsuan]
to forge (counterfeit)	**memalsukan**	[memalsukan]
fake (forged)	**palsu**	[palsu]

119. Breaking the law. Criminals. Part 2

rape	**pemerkosaan**	[pemerkosa'an]
to rape (vt)	**memerkosa**	[memerkosa]
rapist	**pemerkosa**	[pemerkosa]
maniac	**maniak**	[mania']
prostitute (fem.)	**pelacur**	[pelatʃur]
prostitution	**pelacuran**	[pelatʃuran]
pimp	**germo**	[germo]
drug addict	**pecandu narkoba**	[petʃandu narkoba]
drug dealer	**pengedar narkoba**	[peŋedar narkoba]
to blow up (bomb)	**meledakkan**	[meleda'kan]
explosion	**ledakan**	[ledakan]
to set fire	**membakar**	[membakar]
arsonist	**pelaku pembakaran**	[pelaku pembakaran]
terrorism	**terorisme**	[tərorisme]
terrorist	**teroris**	[tǝroris]
hostage	**sandera**	[sandera]
to swindle (deceive)	**menipu**	[mənipu]
swindle, deception	**penipuan**	[penipuan]
swindler	**penipu**	[penipu]
to bribe (vt)	**menyuap**	[mənyuap]
bribery	**penyuapan**	[penyuapan]
bribe	**uang suap, suapan**	[uaŋ suap], [suapan]
poison	**racun**	[ratʃun]
to poison (vt)	**meracuni**	[meratʃuni]
to poison oneself	**meracuni diri sendiri**	[meratʃuni diri sendiri]
suicide (act)	**bunuh diri**	[bunuh diri]
suicide (person)	**pelaku bunuh diri**	[pelaku bunuh diri]

to threaten (vt)	mengancam	[məntʃam]
threat	ancaman	[antʃaman]
to make an attempt	melakukan percobaan pembunuhan	[melakukan pərtʃoba'an pembunuhan]
attempt (attack)	percobaan pembunuhan	[pərtʃoba'an pembunuhan]
to steal (a car)	mencuri	[məntʃuri]
to hijack (a plane)	membajak	[membadʒʲa']
revenge	dendam	[dendam]
to avenge (get revenge)	membalas dendam	[membalas dendam]
to torture (vt)	menyiksa	[mənjiksa]
torture	siksaan	[siksa'an]
to torment (vt)	menyiksa	[mənjiksa]
pirate	bajak laut	[badʒʲa' laut]
hooligan	berandal	[bərandal]
armed (adj)	bersenjata	[bərsendʒʲata]
violence	kekerasan	[kekerasan]
illegal (unlawful)	ilegal	[ilegal]
spying (espionage)	spionase	[spionase]
to spy (vi)	memata-matai	[memata-mataj]

120. Police. Law. Part 1

justice	keadilan	[keadilan]
court (see you in ~)	pengadilan	[peŋadilan]
judge	hakim	[hakim]
jurors	anggota juri	[aŋgota dʒʲuri]
jury trial	pengadilan juri	[peŋadilan dʒʲuri]
to judge (vt)	mengadili	[məŋadili]
lawyer, attorney	advokat, pengacara	[advokat], [peŋatʃara]
defendant	terdakwa	[tərdakwa]
dock	bangku terdakwa	[baŋku tərdakwa]
charge	tuduhan	[tuduhan]
accused	terdakwa	[tərdakwa]
sentence	hukuman	[hukuman]
to sentence (vt)	menjatuhkan hukuman	[məndʒʲatuhkan hukuman]
guilty (culprit)	bersalah	[bərsalah]
to punish (vt)	menghukum	[məŋhukum]
punishment	hukuman	[hukuman]
fine (penalty)	denda	[denda]
life imprisonment	penjara seumur hidup	[pendʒʲara seumur hidup]

death penalty	**hukuman mati**	[hukuman mati]
electric chair	**kursi listrik**	[kursi listriʔ]
gallows	**tiang gantungan**	[tiaŋ gantuŋan]
to execute (vt)	**menjalankan hukuman mati**	[mənd͡ʒʲalankan hukuman mati]
execution	**hukuman mati**	[hukuman mati]
prison, jail	**penjara**	[pend͡ʒʲara]
cell	**sel**	[sel]
escort	**pengawal**	[peŋawal]
prison guard	**sipir, penjaga penjara**	[sipir], [pend͡ʒʲaga pend͡ʒʲara]
prisoner	**tahanan**	[tahanan]
handcuffs	**borgol**	[borgol]
to handcuff (vt)	**memborgol**	[memborgol]
prison break	**pelarian**	[pelarian]
to break out (vi)	**melarikan diri**	[melarikan diri]
to disappear (vi)	**menghilang**	[məŋhilaŋ]
to release (from prison)	**membebaskan**	[membebaskan]
amnesty	**amnesti**	[amnesti]
police	**polisi, kepolisian**	[polisi], [kepolisian]
police officer	**polisi**	[polisi]
police station	**kantor polisi**	[kantor polisi]
billy club	**pentungan karet**	[pentuŋan karet]
bullhorn	**pengeras suara**	[peŋeras suara]
patrol car	**mobil patroli**	[mobil patroli]
siren	**sirene**	[sirene]
to turn on the siren	**membunyikan sirene**	[membunjikan sirene]
siren call	**suara sirene**	[suara sirene]
crime scene	**tempat kejadian perkara**	[tempat ked͡ʒʲadian pərkara]
witness	**saksi**	[saksi]
freedom	**kebebasan**	[kebebasan]
accomplice	**kaki tangan**	[kaki taŋan]
to flee (vi)	**melarikan diri**	[melarikan diri]
trace (to leave a ~)	**jejak**	[d͡ʒʲed͡ʒʲaʔ]

121. Police. Law. Part 2

search (investigation)	**pencarian**	[pent͡ʃarian]
to look for ...	**mencari ...**	[mənt͡ʃari ...]
suspicion	**kecurigaan**	[ket͡ʃuriga'an]
suspicious (e.g., ~ vehicle)	**mencurigakan**	[mənt͡ʃurigakan]

English	Indonesian	Pronunciation
to stop (cause to halt)	menghentikan	[məŋhentikan]
to detain (keep in custody)	menahan	[mənahan]
case (lawsuit)	kasus, perkara	[kasus], [pərkara]
investigation	investigasi, penyidikan	[investigasi], [penjidikan]
detective	detektif	[detektif]
investigator	penyidik	[penjidiʔ]
hypothesis	hipotesis	[hipotesis]
motive	motif	[motif]
interrogation	interogasi	[interogasi]
to interrogate (vt)	menginterogasi	[məŋinterogasi]
to question (~ neighbors, etc.)	menanyai	[mənanjaj]
check (identity ~)	pemeriksaan	[pemeriksaʔan]
round-up	razia	[razia]
search (~ warrant)	penggeledahan	[peŋgeledahan]
chase (pursuit)	pengejaran, perburuan	[peɲedʒʲaran], [pərburuan]
to pursue, to chase	mengejar	[məɲedʒʲar]
to track (a criminal)	melacak	[melatʃaʔ]
arrest	penahanan	[penahanan]
to arrest (sb)	menahan	[mənahan]
to catch (thief, etc.)	menangkap	[mənaŋkap]
capture	penangkapan	[penaŋkapan]
document	dokumen	[dokumen]
proof (evidence)	bukti	[bukti]
to prove (vt)	membuktikan	[membuktikan]
footprint	jejak	[dʒʲedʒʲaʔ]
fingerprints	sidik jari	[sidiʔ dʒʲari]
piece of evidence	barang bukti	[baraŋ bukti]
alibi	alibi	[alibi]
innocent (not guilty)	tidak bersalah	[tidaʔ bərsalah]
injustice	ketidakadilan	[ketidakadilan]
unjust, unfair (adj)	tidak adil	[tidaʔ adil]
criminal (adj)	pidana	[pidana]
to confiscate (vt)	menyita	[məɲita]
drug (illegal substance)	narkoba	[narkoba]
weapon, gun	senjata	[sendʒʲata]
to disarm (vt)	melucuti	[melutʃuti]
to order (command)	memerintahkan	[memerintahkan]
to disappear (vi)	menghilang	[məŋhilaŋ]
law	hukum	[hukum]
legal, lawful (adj)	sah	[sah]
illegal, illicit (adj)	tidak sah	[tidaʔ sah]
responsibility (blame)	tanggung jawab	[taŋguŋ dʒʲawab]
responsible (adj)	bertanggung jawab	[bərtaŋguŋ dʒʲawab]

NATURE

The Earth. Part 1

122. Outer space

space	**angkasa**	[aŋkasa]
space (as adj)	**angkasa**	[aŋkasa]
outer space	**ruang angkasa**	[ruaŋ aŋkasa]
world	**dunia**	[dunia]
universe	**jagat raya**	[dʒʲagat raja]
galaxy	**galaksi**	[galaksi]
star	**bintang**	[bintaŋ]
constellation	**gugusan bintang**	[gugusan bintaŋ]
planet	**planet**	[planet]
satellite	**satelit**	[satelit]
meteorite	**meteorit**	[meteorit]
comet	**komet**	[komet]
asteroid	**asteroid**	[asteroid]
orbit	**orbit**	[orbit]
to revolve (~ around the Earth)	**berputar**	[berputar]
atmosphere	**atmosfer**	[atmosfer]
the Sun	**matahari**	[matahari]
solar system	**tata surya**	[tata surja]
solar eclipse	**gerhana matahari**	[gerhana matahari]
the Earth	**Bumi**	[bumi]
the Moon	**Bulan**	[bulan]
Mars	**Mars**	[mars]
Venus	**Venus**	[venus]
Jupiter	**Yupiter**	[yupiter]
Saturn	**Saturnus**	[saturnus]
Mercury	**Merkurius**	[merkurius]
Uranus	**Uranus**	[uranus]
Neptune	**Neptunus**	[neptunus]
Pluto	**Pluto**	[pluto]
Milky Way	**Bimasakti**	[bimasakti]
Great Bear (Ursa Major)	**Ursa Major**	[ursa madʒor]

North Star	**Bintang Utara**	[bintaŋ utara]
Martian	**makhluk Mars**	[mahluʔ mars]
extraterrestrial (n)	**makhluk ruang angkasa**	[mahluʔ ruaŋ aŋkasa]
alien	**alien, makhluk asing**	[alien], [mahluʔ asiŋ]
flying saucer	**piring terbang**	[piriŋ tərbaŋ]

spaceship	**kapal antariksa**	[kapal antariksa]
space station	**stasiun antariksa**	[stasiun antariksa]
blast-off	**peluncuran**	[peluntʃuran]

engine	**mesin**	[mesin]
nozzle	**nosel**	[nosel]
fuel	**bahan bakar**	[bahan bakar]

cockpit, flight deck	**kokpit**	[kokpit]
antenna	**antena**	[antena]
porthole	**jendela**	[dʒʲendela]
solar panel	**sel surya**	[sel surja]
spacesuit	**pakaian antariksa**	[pakajan antariksa]

| weightlessness | **keadaan tanpa bobot** | [keadaʔan tanpa bobot] |
| oxygen | **oksigen** | [oksigen] |

| docking (in space) | **penggabungan** | [peŋgabuŋan] |
| to dock (vi, vt) | **bergabung** | [bərgabuŋ] |

observatory	**observatorium**	[observatorium]
telescope	**teleskop**	[teleskop]
to observe (vt)	**mengamati**	[məŋamati]
to explore (vt)	**mengeksplorasi**	[məŋeksplorasi]

123. The Earth

the Earth	**Bumi**	[bumi]
the globe (the Earth)	**bola Bumi**	[bola bumi]
planet	**planet**	[planet]

atmosphere	**atmosfer**	[atmosfer]
geography	**geografi**	[geografi]
nature	**alam**	[alam]

globe (table ~)	**globe**	[globe]
map	**peta**	[peta]
atlas	**atlas**	[atlas]

Europe	**Eropa**	[eropa]
Asia	**Asia**	[asia]
Africa	**Afrika**	[afrika]
Australia	**Australia**	[australia]
America	**Amerika**	[amerika]

North America	**Amerika Utara**	[amerika utara]
South America	**Amerika Selatan**	[amerika selatan]
Antarctica	**Antartika**	[antartika]
the Arctic	**Arktika**	[arktika]

124. Cardinal directions

north	**utara**	[utara]
to the north	**ke utara**	[ke utara]
in the north	**di utara**	[di utara]
northern (adj)	**utara**	[utara]
south	**selatan**	[selatan]
to the south	**ke selatan**	[ke selatan]
in the south	**di selatan**	[di selatan]
southern (adj)	**selatan**	[selatan]
west	**barat**	[barat]
to the west	**ke barat**	[ke barat]
in the west	**di barat**	[di barat]
western (adj)	**barat**	[barat]
east	**timur**	[timur]
to the east	**ke timur**	[ke timur]
in the east	**di timur**	[di timur]
eastern (adj)	**timur**	[timur]

125. Sea. Ocean

sea	**laut**	[laut]
ocean	**samudra**	[samudra]
gulf (bay)	**teluk**	[telu']
straits	**selat**	[selat]
land (solid ground)	**daratan**	[daratan]
continent (mainland)	**benua**	[benua]
island	**pulau**	[pulau]
peninsula	**semenanjung, jazirah**	[semenandʒʲuŋ], [dʒʲazirah]
archipelago	**kepulauan**	[kepulauan]
bay, cove	**teluk**	[telu']
harbor	**pelabuhan**	[pelabuhan]
lagoon	**laguna**	[laguna]
cape	**tanjung**	[tandʒʲuŋ]
atoll	**pulau karang**	[pulau karaŋ]
reef	**terumbu**	[terumbu]

coral	**karang**	[karaŋ]
coral reef	**terumbu karang**	[tərumbu karaŋ]
deep (adj)	**dalam**	[dalam]
depth (deep water)	**kedalaman**	[kedalaman]
abyss	**jurang**	[dʒʲuraŋ]
trench (e.g., Mariana ~)	**palung**	[paluŋ]
current (Ocean ~)	**arus**	[arus]
to surround (bathe)	**berbatasan dengan**	[bərbatasan dəŋan]
shore	**pantai**	[pantaj]
coast	**pantai**	[pantaj]
flow (flood tide)	**air pasang**	[air pasaŋ]
ebb (ebb tide)	**air surut**	[air surut]
shoal	**beting**	[betiŋ]
bottom (~ of the sea)	**dasar**	[dasar]
wave	**gelombang**	[gelombaŋ]
crest (~ of a wave)	**puncak gelombang**	[puntʃa' gelombaŋ]
spume (sea foam)	**busa, buih**	[busa], [buih]
storm (sea storm)	**badai**	[badaj]
hurricane	**topan**	[topan]
tsunami	**tsunami**	[tsunami]
calm (dead ~)	**angin tenang**	[aŋin tenaŋ]
quiet, calm (adj)	**tenang**	[tenaŋ]
pole	**kutub**	[kutub]
polar (adj)	**kutub**	[kutub]
latitude	**lintang**	[lintaŋ]
longitude	**garis bujur**	[garis budʒʲur]
parallel	**sejajar**	[sedʒʲadʒʲar]
equator	**khatulistiwa**	[hatulistiwa]
sky	**langit**	[laŋit]
horizon	**horizon**	[horizon]
air	**udara**	[udara]
lighthouse	**mercusuar**	[mertʃusuar]
to dive (vi)	**menyelam**	[mənjelam]
to sink (ab. boat)	**karam**	[karam]
treasures	**harta karun**	[harta karun]

126. Seas' and Oceans' names

Atlantic Ocean	**Samudra Atlantik**	[samudra atlanti']
Indian Ocean	**Samudra Hindia**	[samudra hindia]

| Pacific Ocean | **Samudra Pasifik** | [samudra pasifiʔ] |
| Arctic Ocean | **Samudra Arktik** | [samudra arktiʔ] |

Black Sea	**Laut Hitam**	[laut hitam]
Red Sea	**Laut Merah**	[laut merah]
Yellow Sea	**Laut Kuning**	[laut kuniŋ]
White Sea	**Laut Putih**	[laut putih]

Caspian Sea	**Laut Kaspia**	[laut kaspia]
Dead Sea	**Laut Mati**	[laut mati]
Mediterranean Sea	**Laut Tengah**	[laut teŋah]

| Aegean Sea | **Laut Aegean** | [laut aegean] |
| Adriatic Sea | **Laut Adriatik** | [laut adriatiʔ] |

Arabian Sea	**Laut Arab**	[laut arab]
Sea of Japan	**Laut Jepang**	[laut dʒʲepaŋ]
Bering Sea	**Laut Bering**	[laut beriŋ]
South China Sea	**Laut Cina Selatan**	[laut tʃina selatan]

Coral Sea	**Laut Karang**	[laut karaŋ]
Tasman Sea	**Laut Tasmania**	[laut tasmania]
Caribbean Sea	**Laut Karibia**	[laut karibia]

| Barents Sea | **Laut Barents** | [laut barents] |
| Kara Sea | **Laut Kara** | [laut kara] |

North Sea	**Laut Utara**	[laut utara]
Baltic Sea	**Laut Baltik**	[laut baltiʔ]
Norwegian Sea	**Laut Norwegia**	[laut norwegia]

127. Mountains

mountain	**gunung**	[gunuŋ]
mountain range	**jajaran gunung**	[dʒʲadʒʲaran gunuŋ]
mountain ridge	**sisir gunung**	[sisir gunuŋ]

summit, top	**puncak**	[puntʃaʔ]
peak	**puncak**	[puntʃaʔ]
foot (~ of the mountain)	**kaki**	[kaki]
slope (mountainside)	**lereng**	[lereŋ]

volcano	**gunung api**	[gunuŋ api]
active volcano	**gunung api yang aktif**	[gunuŋ api yaŋ aktif]
dormant volcano	**gunung api yang tidak aktif**	[gunuŋ api yaŋ tidaʔ aktif]

eruption	**erupsi, letusan**	[erupsi], [letusan]
crater	**kawah**	[kawah]
magma	**magma**	[magma]

| lava | lava, lahar | [lava], [lahar] |
| molten (~ lava) | pijar | [pidʒʲar] |

canyon	kanyon	[kanjon]
gorge	jurang	[dʒʲuraŋ]
crevice	celah	[tʃelah]
abyss (chasm)	jurang	[dʒʲuraŋ]

pass, col	pass, celah	[pass], [tʃelah]
plateau	plato, dataran tinggi	[plato], [dataran tiŋgi]
cliff	tebing	[tebiŋ]
hill	bukit	[bukit]

| glacier | gletser | [gletser] |
| waterfall | air terjun | [air tərdʒʲun] |

| geyser | geiser | [geyser] |
| lake | danau | [danau] |

plain	dataran	[dataran]
landscape	landskap	[landskap]
echo	gema	[gema]

| alpinist | pendaki gunung | [pendaki gunuŋ] |
| rock climber | pemanjat tebing | [pemandʒʲat tebiŋ] |

| to conquer (in climbing) | menaklukkan | [menaklu'kan] |
| climb (an easy ~) | pendakian | [pendakian] |

128. Mountains names

The Alps	Alpen	[alpen]
Mont Blanc	Mont Blanc	[mon blan]
The Pyrenees	Pirenia	[pirenia]

| The Carpathians | Pegunungan Karpatia | [peguṇuŋan karpatia] |
| The Ural Mountains | Pegunungan Ural | [peguṇuŋan ural] |

| The Caucasus Mountains | Kaukasus | [kaukasus] |
| Mount Elbrus | Elbrus | [elbrus] |

The Altai Mountains	Altai	[altaj]
The Tian Shan	Tien Shan	[tjen ʃan]
The Pamir Mountains	Pegunungan Pamir	[peguṇuŋan pamir]

| The Himalayas | Himalaya | [himalaja] |
| Mount Everest | Everest | [everest] |

| The Andes | Andes | [andes] |
| Mount Kilimanjaro | Kilimanjaro | [kilimandʒʲaro] |

129. Rivers

river	**sungai**	[suŋaj]
spring (natural source)	**mata air**	[mata air]
riverbed (river channel)	**badan sungai**	[badan suŋaj]
basin (river valley)	**basin**	[basin]
to flow into ...	**mengalir ke ...**	[məŋalir ke ...]
tributary	**anak sungai**	[anaʔ suŋaj]
bank (of river)	**tebing sungai**	[tebiŋ suŋaj]
current (stream)	**arus**	[arus]
downstream (adv)	**ke hilir**	[ke hilir]
upstream (adv)	**ke hulu**	[ke hulu]
inundation	**banjir**	[bandʒir]
flooding	**banjir**	[bandʒir]
to overflow (vi)	**membanjiri**	[membandʒiri]
to flood (vt)	**membanjiri**	[membandʒiri]
shallow (shoal)	**beting**	[betiŋ]
rapids	**jeram**	[dʒʲeram]
dam	**dam, bendungan**	[dam], [benduŋan]
canal	**kanal, terusan**	[kanal], [tərusan]
reservoir (artificial lake)	**waduk**	[waduʔ]
sluice, lock	**pintu air**	[pintu air]
water body (pond, etc.)	**kolam**	[kolam]
swamp (marshland)	**rawa**	[rawa]
bog, marsh	**bencah, paya**	[bentʃah], [paja]
whirlpool	**pusaran air**	[pusaran air]
stream (brook)	**selokan**	[selokan]
drinking (ab. water)	**minum**	[minum]
fresh (~ water)	**tawar**	[tawar]
ice	**es**	[es]
to freeze over (ab. river, etc.)	**membeku**	[membeku]

130. Rivers' names

Seine	**Seine**	[seine]
Loire	**Loire**	[loire]
Thames	**Thames**	[tems]
Rhine	**Rein**	[reyn]
Danube	**Donau**	[donau]

Volga	**Volga**	[volga]
Don	**Don**	[don]
Lena	**Lena**	[lena]

Yellow River	**Suang Kuning**	[suaŋ kuniŋ]
Yangtze	**Yangtze**	[yaŋtze]
Mekong	**Mekong**	[mekoŋ]
Ganges	**Gangga**	[gaŋga]

Nile River	**Sungai Nil**	[suŋaj nil]
Congo River	**Kongo**	[koŋo]
Okavango River	**Okavango**	[okavaŋo]
Zambezi River	**Zambezi**	[zambezi]
Limpopo River	**Limpopo**	[limpopo]
Mississippi River	**Mississippi**	[misisipi]

131. Forest

| forest, wood | **hutan** | [hutan] |
| forest (as adj) | **hutan** | [hutan] |

thick forest	**hutan lebat**	[hutan lebat]
grove	**hutan kecil**	[hutan ketʃil]
forest clearing	**pembukaan hutan**	[pembuka'an hutan]

| thicket | **semak belukar** | [sema' belukar] |
| scrubland | **belukar** | [belukar] |

| footpath (troddenpath) | **jalan setapak** | [dʒʲalan setapa'] |
| gully | **parit** | [parit] |

tree	**pohon**	[pohon]
leaf	**daun**	[daun]
leaves (foliage)	**daun-daunan**	[daun-daunan]

fall of leaves	**daun berguguran**	[daun bərguguran]
to fall (ab. leaves)	**luruh**	[luruh]
top (of the tree)	**puncak**	[puntʃa']

branch	**cabang**	[tʃabaŋ]
bough	**dahan**	[dahan]
bud (on shrub, tree)	**tunas**	[tunas]
needle (of pine tree)	**daun jarum**	[daun dʒʲarum]
pine cone	**buah pinus**	[buah pinus]

hollow (in a tree)	**lubang pohon**	[lubaŋ pohon]
nest	**sarang**	[saraŋ]
burrow (animal hole)	**lubang**	[lubaŋ]
trunk	**batang**	[bataŋ]
root	**akar**	[akar]

| bark | kulit | [kulit] |
| moss | lumut | [lumut] |

to uproot (remove trees or tree stumps)	mencabut	[mentʃabut]
to chop down	menebang	[mənebaŋ]
to deforest (vt)	deforestasi, penggundulan hutan	[deforestasi], [peŋgundulan hutan]
tree stump	tunggul	[tuŋgul]

campfire	api unggun	[api uŋgun]
forest fire	kebakaran hutan	[kebakaran hutan]
to extinguish (vt)	memadamkan	[memadamkan]

forest ranger	penjaga hutan	[pendʒaga hutan]
protection	perlindungan	[pərlinduŋan]
to protect (~ nature)	melindungi	[melinduɲi]
poacher	pemburu ilegal	[pemburu ilegal]
steel trap	perangkap	[pəraŋkap]

| to gather, to pick (vt) | memetik | [memetiʔ] |
| to lose one's way | tersesat | [tərsesat] |

132. Natural resources

natural resources	sumber daya alam	[sumber daja alam]
minerals	bahan tambang	[bahan tambaŋ]
deposits	endapan	[endapan]
field (e.g., oilfield)	ladang	[ladaŋ]

to mine (extract)	menambang	[mənambaŋ]
mining (extraction)	pertambangan	[pertambaŋan]
ore	bijih	[bidʒih]
mine (e.g., for coal)	tambang	[tambaŋ]
shaft (mine ~)	sumur tambang	[sumur tambaŋ]
miner	penambang	[penambaŋ]

| gas (natural ~) | gas | [gas] |
| gas pipeline | pipa saluran gas | [pipa saluran gas] |

oil (petroleum)	petroleum, minyak	[petroleum], [minjaʔ]
oil pipeline	pipa saluran minyak	[pipa saluran minjaʔ]
oil well	sumur minyak	[sumur minjaʔ]
derrick (tower)	menara bor minyak	[mənara bor minjaʔ]
tanker	kapal tangki	[kapal taŋki]

sand	pasir	[pasir]
limestone	batu kapur	[batu kapur]
gravel	kerikil	[kerikil]
peat	gambut	[gambut]

clay	**tanah liat**	[tanah liat]
coal	**arang**	[araŋ]
iron (ore)	**besi**	[besi]
gold	**emas**	[emas]
silver	**perak**	[peraʔ]
nickel	**nikel**	[nikel]
copper	**tembaga**	[tembaga]
zinc	**seng**	[seŋ]
manganese	**mangan**	[maŋan]
mercury	**air raksa**	[air raksa]
lead	**timbal**	[timbal]
mineral	**mineral**	[mineral]
crystal	**kristal, hablur**	[kristal], [hablur]
marble	**marmer**	[marmer]
uranium	**uranium**	[uranium]

The Earth. Part 2

133. Weather

weather	**cuaca**	[tʃuatʃa]
weather forecast	**prakiraan cuaca**	[prakiraʔan tʃuatʃa]
temperature	**temperatur, suhu**	[temperatur], [suhu]
thermometer	**termometer**	[tərmometər]
barometer	**barometer**	[barometer]
humid (adj)	**lembap**	[lembap]
humidity	**kelembapan**	[kelembapan]
heat (extreme ~)	**panas, gerah**	[panas], [gerah]
hot (torrid)	**panas terik**	[panas təriʔ]
it's hot	**panas**	[panas]
it's warm	**hangat**	[haŋat]
warm (moderately hot)	**hangat**	[haŋat]
it's cold	**dingin**	[diŋin]
cold (adj)	**dingin**	[diŋin]
sun	**matahari**	[matahari]
to shine (vi)	**bersinar**	[bərsinar]
sunny (day)	**cerah**	[tʃerah]
to come up (vi)	**terbit**	[terbit]
to set (vi)	**terbenam**	[tərbenam]
cloud	**awan**	[awan]
cloudy (adj)	**berawan**	[bərawan]
rain cloud	**awan mendung**	[awan menduŋ]
somber (gloomy)	**mendung**	[menduŋ]
rain	**hujan**	[hudʒʲan]
it's raining	**hujan turun**	[hudʒʲan turun]
rainy (~ day, weather)	**hujan**	[hudʒʲan]
to drizzle (vi)	**gerimis**	[gerimis]
pouring rain	**hujan lebat**	[hudʒʲan lebat]
downpour	**hujan lebat**	[hudʒʲan lebat]
heavy (e.g., ~ rain)	**lebat**	[lebat]
puddle	**kubangan**	[kubaŋan]
to get wet (in rain)	**kehujanan**	[kehudʒʲanan]
fog (mist)	**kabut**	[kabut]
foggy	**berkabut**	[bərkabut]

| snow | salju | [saldʒʲu] |
| it's snowing | turun salju | [turun saldʒʲu] |

134. Severe weather. Natural disasters

thunderstorm	hujan badai	[hudʒʲan badaj]
lightning (~ strike)	kilat	[kilat]
to flash (vi)	berkilau	[berkilau]

thunder	petir	[petir]
to thunder (vi)	bergemuruh	[bergemuruh]
it's thundering	bergemuruh	[bergemuruh]

| hail | hujan es | [hudʒʲan es] |
| it's hailing | hujan es | [hudʒʲan es] |

| to flood (vt) | membanjiri | [membandʒiri] |
| flood, inundation | banjir | [bandʒir] |

earthquake	gempa bumi	[gempa bumi]
tremor, quake	gempa	[gempa]
epicenter	episentrum	[episentrum]

| eruption | erupsi, letusan | [erupsi], [letusan] |
| lava | lava, lahar | [lava], [lahar] |

twister	puting beliung	[putiŋ beliuŋ]
tornado	tornado	[tornado]
typhoon	topan	[topan]

hurricane	topan	[topan]
storm	badai	[badaj]
tsunami	tsunami	[tsunami]

cyclone	siklon	[siklon]
bad weather	cuaca buruk	[tʃuatʃa buruʔ]
fire (accident)	kebakaran	[kebakaran]
disaster	bencana	[bentʃana]
meteorite	meteorit	[meteorit]

avalanche	longsor	[loŋsor]
snowslide	salju longsor	[saldʒʲu loŋsor]
blizzard	badai salju	[badaj saldʒʲu]
snowstorm	badai salju	[badaj saldʒʲu]

Fauna

135. Mammals. Predators

predator	**predator, pemangsa**	[predator], [pemaŋsa]
tiger	**harimau**	[harimau]
lion	**singa**	[siŋa]
wolf	**serigala**	[serigala]
fox	**rubah**	[rubah]
jaguar	**jaguar**	[dʒʲaguar]
leopard	**leopard, macan tutul**	[leopard], [matʃan tutul]
cheetah	**cheetah**	[tʃeetah]
black panther	**harimau kumbang**	[harimau kumbaŋ]
puma	**singa gunung**	[siŋa gunuŋ]
snow leopard	**harimau bintang salju**	[harimau bintaŋ saldʒʲu]
lynx	**lynx**	[links]
coyote	**koyote**	[koyot]
jackal	**jakal**	[dʒʲakal]
hyena	**hiena**	[hiena]

136. Wild animals

animal	**binatang**	[binataŋ]
beast (animal)	**binatang buas**	[binataŋ buas]
squirrel	**bajing**	[badʒiŋ]
hedgehog	**landak susu**	[landaʔ susu]
hare	**terwelu**	[tərwelu]
rabbit	**kelinci**	[kelintʃi]
badger	**luak**	[luaʔ]
raccoon	**rakun**	[rakun]
hamster	**hamster**	[hamster]
marmot	**marmut**	[marmut]
mole	**tikus mondok**	[tikus mondoʔ]
mouse	**tikus**	[tikus]
rat	**tikus besar**	[tikus besar]
bat	**kelelawar**	[kelelawar]
ermine	**ermin**	[ermin]
sable	**sabel**	[sabel]

marten	**marten**	[marten]
weasel	**musang**	[musaŋ]
mink	**cerpelai**	[tʃerpelaj]
beaver	**beaver**	[beaver]
otter	**berang-berang**	[bəraŋ-bəraŋ]
horse	**kuda**	[kuda]
moose	**rusa besar**	[rusa besar]
deer	**rusa**	[rusa]
camel	**unta**	[unta]
bison	**bison**	[bison]
aurochs	**aurochs**	[oroks]
buffalo	**kerbau**	[kerbau]
zebra	**kuda belang**	[kuda belaŋ]
antelope	**antelop**	[antelop]
roe deer	**kijang**	[kidʒʲaŋ]
fallow deer	**rusa**	[rusa]
chamois	**chamois**	[ʃemva]
wild boar	**babi hutan jantan**	[babi hutan dʒʲantan]
whale	**ikan paus**	[ikan paus]
seal	**anjing laut**	[andʒiŋ laut]
walrus	**walrus**	[walrus]
fur seal	**anjing laut berbulu**	[andʒiŋ laut bərbulu]
dolphin	**lumba-lumba**	[lumba-lumba]
bear	**beruang**	[bəruaŋ]
polar bear	**beruang kutub**	[bəruaŋ kutub]
panda	**panda**	[panda]
monkey	**monyet**	[monjet]
chimpanzee	**simpanse**	[simpanse]
orangutan	**orang utan**	[oraŋ utan]
gorilla	**gorila**	[gorila]
macaque	**kera**	[kera]
gibbon	**siamang, ungka**	[siamaŋ], [uŋka]
elephant	**gajah**	[gadʒʲah]
rhinoceros	**badak**	[badaʔ]
giraffe	**jerapah**	[dʒʲerapah]
hippopotamus	**kuda nil**	[kuda nil]
kangaroo	**kanguru**	[kaŋuru]
koala (bear)	**koala**	[koala]
mongoose	**garangan**	[garaŋan]
chinchilla	**chinchilla**	[tʃintʃilla]
skunk	**sigung**	[siguŋ]
porcupine	**landak**	[landaʔ]

137. Domestic animals

cat	**kucing betina**	[kutʃiŋ betina]
tomcat	**kucing jantan**	[kutʃiŋ dʒʲantan]
dog	**anjing**	[andʒiŋ]
horse	**kuda**	[kuda]
stallion (male horse)	**kuda jantan**	[kuda dʒʲantan]
mare	**kuda betina**	[kuda betina]
cow	**sapi**	[sapi]
bull	**sapi jantan**	[sapi dʒʲantan]
ox	**lembu jantan**	[lembu dʒʲantan]
sheep (ewe)	**domba**	[domba]
ram	**domba jantan**	[domba dʒʲantan]
goat	**kambing betina**	[kambiŋ betina]
billy goat, he-goat	**kambing jantan**	[kambiŋ dʒʲantan]
donkey	**keledai**	[keledaj]
mule	**bagal**	[bagal]
pig, hog	**babi**	[babi]
piglet	**anak babi**	[anaʔ babi]
rabbit	**kelinci**	[kelintʃi]
hen (chicken)	**ayam betina**	[ajam betina]
rooster	**ayam jago**	[ajam dʒʲago]
duck	**bebek**	[bebeʔ]
drake	**bebek jantan**	[bebeʔ dʒʲantan]
goose	**angsa**	[aŋsa]
tom turkey, gobbler	**kalkun jantan**	[kalkun dʒʲantan]
turkey (hen)	**kalkun betina**	[kalkun betina]
domestic animals	**binatang piaraan**	[binataŋ piaraʔan]
tame (e.g., ~ hamster)	**jinak**	[dʒinaʔ]
to tame (vt)	**menjinakkan**	[mədʒinaʔkan]
to breed (vt)	**membiakkan**	[membiaʔkan]
farm	**peternakan**	[peternakan]
poultry	**unggas**	[uŋgas]
cattle	**ternak**	[ternaʔ]
herd (cattle)	**kawanan**	[kawanan]
stable	**kandang kuda**	[kandaŋ kuda]
pigpen	**kandang babi**	[kandaŋ babi]
cowshed	**kandang sapi**	[kandaŋ sapi]
rabbit hutch	**sangkar kelinci**	[saŋkar kelintʃi]
hen house	**kandang ayam**	[kandaŋ ajam]

138. Birds

bird	**burung**	[buruŋ]
pigeon	**burung dara**	[buruŋ dara]
sparrow	**burung gereja**	[buruŋ geredʒʲa]
tit (great tit)	**burung tit**	[buruŋ tit]
magpie	**burung murai**	[buruŋ muraj]
raven	**burung raven**	[buruŋ raven]
crow	**burung gagak**	[buruŋ gagaʔ]
jackdaw	**burung gagak kecil**	[buruŋ gagaʔ ketʃil]
rook	**burung rook**	[buruŋ rooʔ]
duck	**bebek**	[bebeʔ]
goose	**angsa**	[aŋsa]
pheasant	**burung kuau**	[buruŋ kuau]
eagle	**rajawali**	[radʒʲawali]
hawk	**elang**	[elaŋ]
falcon	**alap-alap**	[alap-alap]
vulture	**hering**	[heriŋ]
condor (Andean ~)	**kondor**	[kondor]
swan	**angsa**	[aŋsa]
crane	**burung jenjang**	[buruŋ dʒʲendʒʲaŋ]
stork	**bangau**	[baŋau]
parrot	**burung nuri**	[buruŋ nuri]
hummingbird	**burung kolibri**	[buruŋ kolibri]
peacock	**burung merak**	[buruŋ meraʔ]
ostrich	**burung unta**	[buruŋ unta]
heron	**kuntul**	[kuntul]
flamingo	**burung flamingo**	[buruŋ flamiŋo]
pelican	**pelikan**	[pelikan]
nightingale	**burung bulbul**	[buruŋ bulbul]
swallow	**burung walet**	[buruŋ walet]
thrush	**burung jalak**	[buruŋ dʒʲalaʔ]
song thrush	**burung jalak suren**	[buruŋ dʒʲalaʔ suren]
blackbird	**burung jalak hitam**	[buruŋ dʒʲalaʔ hitam]
swift	**burung apus-apus**	[buruŋ apus-apus]
lark	**burung lark**	[buruŋ larʔ]
quail	**burung puyuh**	[buruŋ puyuh]
woodpecker	**burung pelatuk**	[buruŋ pelatuʔ]
cuckoo	**burung kukuk**	[buruŋ kukuʔ]
owl	**burung hantu**	[buruŋ hantu]
eagle owl	**burung hantu bertanduk**	[buruŋ hantu bertanduʔ]

wood grouse	burung murai kayu	[buruŋ muraj kaju]
black grouse	burung belibis hitam	[buruŋ belibis hitam]
partridge	ayam hutan	[ajam hutan]
starling	burung starling	[buruŋ starliŋ]
canary	burung kenari	[buruŋ kenari]
hazel grouse	ayam hutan hazel	[ajam hutan hazel]
chaffinch	burung chaffinch	[buruŋ ʧaffinʧ]
bullfinch	burung bullfinch	[buruŋ bullfinʧ]
seagull	burung camar	[buruŋ ʧamar]
albatross	albatros	[albatros]
penguin	penguin	[peŋuin]

139. Fish. Marine animals

bream	ikan bream	[ikan bream]
carp	ikan karper	[ikan karper]
perch	ikan tilapia	[ikan tilapia]
catfish	lais junggang	[lajs dʒʲuŋgaŋ]
pike	ikan pike	[ikan paik]
salmon	salmon	[salmon]
sturgeon	ikan sturgeon	[ikan sturdʒʲen]
herring	ikan haring	[ikan hariŋ]
Atlantic salmon	ikan salem	[ikan salem]
mackerel	ikan kembung	[ikan kembuŋ]
flatfish	ikan sebelah	[ikan sebelah]
zander, pike perch	ikan seligi tenggeran	[ikan seligi teŋgeran]
cod	ikan kod	[ikan kod]
tuna	tuna	[tuna]
trout	ikan forel	[ikan forel]
eel	belut	[belut]
electric ray	ikan pari listrik	[ikan pari listriʔ]
moray eel	belut moray	[belut morey]
piranha	ikan piranha	[ikan piranha]
shark	ikan hiu	[ikan hiu]
dolphin	lumba-lumba	[lumba-lumba]
whale	ikan paus	[ikan paus]
crab	kepiting	[kepitiŋ]
jellyfish	ubur-ubur	[ubur-ubur]
octopus	gurita	[gurita]
starfish	bintang laut	[bintaŋ laut]
sea urchin	landak laut	[landaʔ laut]

seahorse	kuda laut	[kuda laut]
oyster	tiram	[tiram]
shrimp	udang	[udaŋ]
lobster	udang karang	[udaŋ karaŋ]
spiny lobster	lobster berduri	[lobster berduri]

140. Amphibians. Reptiles

| snake | ular | [ular] |
| venomous (snake) | berbisa | [berbisa] |

viper	ular viper	[ular viper]
cobra	kobra	[kobra]
python	ular sanca	[ular santʃa]
boa	ular boa	[ular boa]

grass snake	ular tanah	[ular tanah]
rattle snake	ular derik	[ular deriʔ]
anaconda	ular anakonda	[ular anakonda]

lizard	kadal	[kadal]
iguana	iguana	[iguana]
monitor lizard	biawak	[biawaʔ]
salamander	salamander	[salamander]
chameleon	bunglon	[buŋlon]
scorpion	kalajengking	[kaladʒʲeŋkiŋ]

turtle	kura-kura	[kura-kura]
frog	katak	[kataʔ]
toad	kodok	[kodoʔ]
crocodile	buaya	[buaja]

141. Insects

insect, bug	serangga	[seraŋga]
butterfly	kupu-kupu	[kupu-kupu]
ant	semut	[semut]
fly	lalat	[lalat]
mosquito	nyamuk	[njamuʔ]
beetle	kumbang	[kumbaŋ]

wasp	tawon	[tawon]
bee	lebah	[lebah]
bumblebee	kumbang	[kumbaŋ]
gadfly (botfly)	lalat kerbau	[lalat kerbau]

| spider | laba-laba | [laba-laba] |
| spiderweb | sarang laba-laba | [saraŋ laba-laba] |

dragonfly	**capung**	[ʧapuŋ]
grasshopper	**belalang**	[belalaŋ]
moth (night butterfly)	**ngengat**	[ŋeŋat]
cockroach	**kecoa**	[keʧoa]
tick	**kutu**	[kutu]
flea	**kutu loncat**	[kutu lonʧat]
midge	**agas**	[agas]
locust	**belalang**	[belalaŋ]
snail	**siput**	[siput]
cricket	**jangkrik**	[dʒˈaŋkriʔ]
lightning bug	**kunang-kunang**	[kunaŋ-kunaŋ]
ladybug	**kumbang koksi**	[kumbaŋ koksi]
cockchafer	**kumbang Cockchafer**	[kumbaŋ kokʃafer]
leech	**lintah**	[lintah]
caterpillar	**ulat**	[ulat]
earthworm	**cacing**	[ʧaʧiŋ]
larva	**larva**	[larva]

Flora

142. Trees

tree	**pohon**	[pohon]
deciduous (adj)	**daun luruh**	[daun luruh]
coniferous (adj)	**pohon jarum**	[pohon dʒʲarum]
evergreen (adj)	**selalu hijau**	[selalu hidʒʲau]
apple tree	**pohon apel**	[pohon apel]
pear tree	**pohon pir**	[pohon pir]
sweet cherry tree	**pohon ceri manis**	[pohon tʃeri manis]
sour cherry tree	**pohon ceri asam**	[pohon tʃeri asam]
plum tree	**pohon plum**	[pohon plum]
birch	**pohon berk**	[pohon bərʔ]
oak	**pohon eik**	[pohon eiʔ]
linden tree	**pohon linden**	[pohon linden]
aspen	**pohon aspen**	[pohon aspen]
maple	**pohon mapel**	[pohon mapel]
spruce	**pohon den**	[pohon den]
pine	**pohon pinus**	[pohon pinus]
larch	**pohon larch**	[pohon lartʃ]
fir tree	**pohon fir**	[pohon fir]
cedar	**pohon aras**	[pohon aras]
poplar	**pohon poplar**	[pohon poplar]
rowan	**pohon rowan**	[pohon rowan]
willow	**pohon dedalu**	[pohon dedalu]
alder	**pohon alder**	[pohon alder]
beech	**pohon nothofagus**	[pohon notofagus]
elm	**pohon elm**	[pohon elm]
ash (tree)	**pohon abu**	[pohon abu]
chestnut	**kastanye**	[kastanje]
magnolia	**magnolia**	[magnolia]
palm tree	**palem**	[palem]
cypress	**pokok cipres**	[pokoʔ sipres]
mangrove	**bakau**	[bakau]
baobab	**baobab**	[baobab]
eucalyptus	**kayu putih**	[kaju putih]
sequoia	**sequoia**	[sekuoia]

143. Shrubs

bush	**rumpun**	[rumpun]
shrub	**semak**	[sema?]
grapevine	**pohon anggur**	[pohon aŋgur]
vineyard	**kebun anggur**	[kebun aŋgur]
raspberry bush	**pohon frambus**	[pohon frambus]
blackcurrant bush	**pohon blackcurrant**	[pohon ble?karen]
redcurrant bush	**pohon redcurrant**	[pohon redkaren]
gooseberry bush	**pohon arbei hijau**	[pohon arbei hidʒʲau]
acacia	**pohon akasia**	[pohon akasia]
barberry	**pohon barberis**	[pohon barberis]
jasmine	**melati**	[melati]
juniper	**pohon juniper**	[pohon dʒʲuniper]
rosebush	**pohon mawar**	[pohon mawar]
dog rose	**pohon mawar liar**	[pohon mawar liar]

144. Fruits. Berries

fruit	**buah**	[buah]
fruits	**buah-buahan**	[buah-buahan]
apple	**apel**	[apel]
pear	**pir**	[pir]
plum	**plum**	[plum]
strawberry (garden ~)	**stroberi**	[stroberi]
sour cherry	**buah ceri asam**	[buah tʃeri asam]
sweet cherry	**buah ceri manis**	[buah tʃeri manis]
grape	**buah anggur**	[buah aŋgur]
raspberry	**buah frambus**	[buah frambus]
blackcurrant	**blackcurrant**	[ble?karen]
redcurrant	**redcurrant**	[redkaren]
gooseberry	**buah arbei hijau**	[buah arbei hidʒʲau]
cranberry	**buah kranberi**	[buah kranberi]
orange	**jeruk manis**	[dʒʲeru? manis]
mandarin	**jeruk mandarin**	[dʒʲeru? mandarin]
pineapple	**nanas**	[nanas]
banana	**pisang**	[pisaŋ]
date	**buah kurma**	[buah kurma]
lemon	**jeruk sitrun**	[dʒʲeru? sitrun]
apricot	**aprikot**	[aprikot]

peach	**persik**	[persiʔ]
kiwi	**kiwi**	[kiwi]
grapefruit	**jeruk Bali**	[dʒˈeruʔ bali]
berry	**buah beri**	[buah beri]
berries	**buah-buah beri**	[buah-buah beri]
cowberry	**buah cowberry**	[buah kowberi]
wild strawberry	**stroberi liar**	[stroberi liar]
bilberry	**buah bilberi**	[buah bilberi]

145. Flowers. Plants

flower	**bunga**	[buŋa]
bouquet (of flowers)	**buket**	[buket]
rose (flower)	**mawar**	[mawar]
tulip	**tulip**	[tulip]
carnation	**bunga anyelir**	[buŋa anjelir]
gladiolus	**bunga gladiol**	[buŋa gladiol]
cornflower	**cornflower**	[kornflawa]
harebell	**bunga lonceng biru**	[buŋa lontʃeŋ biru]
dandelion	**dandelion**	[dandelion]
camomile	**bunga margrit**	[buŋa margrit]
aloe	**lidah buaya**	[lidah buaja]
cactus	**kaktus**	[kaktus]
rubber plant, ficus	**pohon ara**	[pohon ara]
lily	**bunga lili**	[buŋa lili]
geranium	**geranium**	[geranium]
hyacinth	**bunga bakung lembayung**	[buŋa bakuŋ lembajuŋ]
mimosa	**putri malu**	[putri malu]
narcissus	**bunga narsis**	[buŋa narsis]
nasturtium	**bunga nasturtium**	[buŋa nasturtium]
orchid	**anggrek**	[aŋgreʔ]
peony	**bunga peoni**	[buŋa peoni]
violet	**bunga violet**	[buŋa violet]
pansy	**bunga pansy**	[buŋa pansi]
forget-me-not	**bunga jangan-lupakan-daku**	[buŋa dʒˈaŋan-lupakan-daku]
daisy	**bunga desi**	[buŋa desi]
poppy	**bunga madat**	[buŋa madat]
hemp	**rami**	[rami]
mint	**mint**	[min]

lily of the valley	**lili lembah**	[lili lembah]
snowdrop	**bunga tetesan salju**	[buŋa tetesan saldʒʲu]
nettle	**jelatang**	[dʒʲelataŋ]
sorrel	**daun sorrel**	[daun sorrel]
water lily	**lili air**	[lili air]
fern	**pakis**	[pakis]
lichen	**lichen**	[litʃen]
greenhouse (tropical ~)	**rumah kaca**	[rumah katʃa]
lawn	**halaman berumput**	[halaman bərumput]
flowerbed	**bedeng bunga**	[bedeŋ buŋa]
plant	**tumbuhan**	[tumbuhan]
grass	**rumput**	[rumput]
blade of grass	**sehelai rumput**	[sehelaj rumput]
leaf	**daun**	[daun]
petal	**kelopak**	[kelopaʔ]
stem	**batang**	[bataŋ]
tuber	**ubi**	[ubi]
young plant (shoot)	**tunas**	[tunas]
thorn	**duri**	[duri]
to blossom (vi)	**berbunga**	[bərbuŋa]
to fade, to wither	**layu**	[laju]
smell (odor)	**bau**	[bau]
to cut (flowers)	**memotong**	[memotoŋ]
to pick (a flower)	**memetik**	[memetiʔ]

146. Cereals, grains

grain	**biji-bijian**	[bidʒi-bidʒian]
cereal crops	**padi-padian**	[padi-padian]
ear (of barley, etc.)	**bulir**	[bulir]
wheat	**gandum**	[gandum]
rye	**gandum hitam**	[gandum hitam]
oats	**oat**	[oat]
millet	**jawawut**	[dʒʲawawut]
barley	**jelai**	[dʒʲelaj]
corn	**jagung**	[dʒʲaguŋ]
rice	**beras**	[beras]
buckwheat	**buckwheat**	[bakvit]
pea plant	**kacang polong**	[katʃaŋ poloŋ]
kidney bean	**kacang buncis**	[katʃaŋ buntʃis]
soy	**kacang kedelai**	[katʃaŋ kedelaj]

lentil	**kacang lentil**	[katʃaŋ lentil]
beans (pulse crops)	**kacang-kacangan**	[katʃaŋ-katʃaŋan]

COUNTRIES. NATIONALITIES

147. Western Europe

Europe	**Eropa**	[eropa]
European Union	**Uni Eropa**	[uni eropa]
Austria	**Austria**	[austria]
Great Britain	**Britania Raya**	[britania raja]
England	**Inggris**	[iŋgris]
Belgium	**Belgia**	[belgia]
Germany	**Jerman**	[dʒʲerman]
Netherlands	**Belanda**	[belanda]
Holland	**Belanda**	[belanda]
Greece	**Yunani**	[yunani]
Denmark	**Denmark**	[denmarʔ]
Ireland	**Irlandia**	[irlandia]
Iceland	**Islandia**	[islandia]
Spain	**Spanyol**	[spanjol]
Italy	**Italia**	[italia]
Cyprus	**Siprus**	[siprus]
Malta	**Malta**	[malta]
Norway	**Norwegia**	[norwegia]
Portugal	**Portugal**	[portugal]
Finland	**Finlandia**	[finlandia]
France	**Prancis**	[prantʃis]
Sweden	**Swedia**	[swedia]
Switzerland	**Swiss**	[swiss]
Scotland	**Skotlandia**	[skotlandia]
Vatican	**Vatikan**	[vatikan]
Liechtenstein	**Liechtenstein**	[lajhtensteyn]
Luxembourg	**Luksemburg**	[luksemburg]
Monaco	**Monako**	[monako]

148. Central and Eastern Europe

Albania	**Albania**	[albania]
Bulgaria	**Bulgaria**	[bulgaria]
Hungary	**Hongaria**	[hoŋaria]

Latvia	**Latvia**	[latvia]
Lithuania	**Lituania**	[lituania]
Poland	**Polandia**	[polandia]

Romania	**Romania**	[romania]
Serbia	**Serbia**	[serbia]
Slovakia	**Slowakia**	[slowakia]

Croatia	**Kroasia**	[kroasia]
Czech Republic	**Republik Ceko**	[republi' tʃeko]
Estonia	**Estonia**	[estonia]

Bosnia and Herzegovina	**Bosnia-Hercegovina**	[bosnia-hersegovina]
Macedonia (Republic of ~)	**Makedonia**	[makedonia]
Slovenia	**Slovenia**	[slovenia]
Montenegro	**Montenegro**	[montenegro]

149. Former USSR countries

| Azerbaijan | **Azerbaijan** | [azerbajdʒʲan] |
| Armenia | **Armenia** | [armenia] |

Belarus	**Belarusia**	[belarusia]
Georgia	**Georgia**	[dʒordʒia]
Kazakhstan	**Kazakistan**	[kazakstan]
Kirghizia	**Kirgizia**	[kirgizia]
Moldova, Moldavia	**Moldova**	[moldova]

| Russia | **Rusia** | [rusia] |
| Ukraine | **Ukraina** | [ukrajna] |

Tajikistan	**Tajikistan**	[tadʒikistan]
Turkmenistan	**Turkmenistan**	[turkmenistan]
Uzbekistan	**Uzbekistan**	[uzbekistan]

150. Asia

Asia	**Asia**	[asia]
Vietnam	**Vietnam**	[vjetnam]
India	**India**	[india]
Israel	**Israel**	[israel]

China	**Tiongkok**	[tjoŋkoʔ]
Lebanon	**Lebanon**	[lebanon]
Mongolia	**Mongolia**	[moŋolia]

| Malaysia | **Malaysia** | [malajsia] |
| Pakistan | **Pakistan** | [pakistan] |

Saudi Arabia	**Arab Saudi**	[arab saudi]
Thailand	**Thailand**	[tajland]
Taiwan	**Taiwan**	[tajwan]
Turkey	**Turki**	[turki]
Japan	**Jepang**	[dʒʲepaŋ]
Afghanistan	**Afghanistan**	[afganistan]
Bangladesh	**Bangladesh**	[baŋladeʃ]
Indonesia	**Indonesia**	[indonesia]
Jordan	**Yordania**	[yordania]
Iraq	**Irak**	[iraʔ]
Iran	**Iran**	[iran]
Cambodia	**Kamboja**	[kambodʒʲa]
Kuwait	**Kuwait**	[kuweyt]
Laos	**Laos**	[laos]
Myanmar	**Myanmar**	[myanmar]
Nepal	**Nepal**	[nepal]
United Arab Emirates	**Uni Emirat Arab**	[uni emirat arab]
Syria	**Suriah**	[suriah]
Palestine	**Palestina**	[palestina]
South Korea	**Korea Selatan**	[korea selatan]
North Korea	**Korea Utara**	[korea utara]

151. North America

United States of America	**Amerika Serikat**	[amerika serikat]
Canada	**Kanada**	[kanada]
Mexico	**Meksiko**	[meksiko]

152. Central and South America

Argentina	**Argentina**	[argentina]
Brazil	**Brasil**	[brasil]
Colombia	**Kolombia**	[kolombia]
Cuba	**Kuba**	[kuba]
Chile	**Chili**	[tʃili]
Bolivia	**Bolivia**	[bolivia]
Venezuela	**Venezuela**	[venezuela]
Paraguay	**Paraguay**	[paraguaj]
Peru	**Peru**	[peru]
Suriname	**Suriname**	[suriname]
Uruguay	**Uruguay**	[uruguaj]
Ecuador	**Ekuador**	[ekuador]

The Bahamas	**Kepulauan Bahama**	[kepulauan bahama]
Haiti	**Haiti**	[haiti]
Dominican Republic	**Republik Dominika**	[republi' dominika]
Panama	**Panama**	[panama]
Jamaica	**Jamaika**	[dʒʲamajka]

153. Africa

Egypt	**Mesir**	[mesir]
Morocco	**Maroko**	[maroko]
Tunisia	**Tunisia**	[tunisia]
Ghana	**Ghana**	[gana]
Zanzibar	**Zanzibar**	[zanzibar]
Kenya	**Kenya**	[kenia]
Libya	**Libia**	[libia]
Madagascar	**Madagaskar**	[madagaskar]
Namibia	**Namibia**	[namibia]
Senegal	**Senegal**	[senegal]
Tanzania	**Tanzania**	[tanzania]
South Africa	**Afrika Selatan**	[afrika selatan]

154. Australia. Oceania

Australia	**Australia**	[australia]
New Zealand	**Selandia Baru**	[selandia baru]
Tasmania	**Tasmania**	[tasmania]
French Polynesia	**Polinesia Prancis**	[polinesia prantʃis]

155. Cities

Amsterdam	**Amsterdam**	[amsterdam]
Ankara	**Ankara**	[ankara]
Athens	**Athena**	[atena]
Baghdad	**Bagdad**	[bagdad]
Bangkok	**Bangkok**	[baŋko']
Barcelona	**Barcelona**	[bartʃelona]
Beijing	**Beijing**	[beydʒiŋ]
Beirut	**Beirut**	[beyrut]
Berlin	**Berlin**	[berlin]
Bonn	**Bonn**	[bonn]
Bordeaux	**Bordeaux**	[bordo]

Bratislava	**Bratislava**	[bratislava]
Brussels	**Brussel**	[brusel]
Bucharest	**Bukares**	[bukares]
Budapest	**Budapest**	[budapest]
Cairo	**Kairo**	[kajro]
Chicago	**Chicago**	[tʃikago]
Copenhagen	**Kopenhagen**	[kopenhagen]
Dar-es-Salaam	**Darussalam**	[darussalam]
Delhi	**Delhi**	[delhi]
Dubai	**Dubai**	[dubaj]
Dublin	**Dublin**	[dublin]
Düsseldorf	**Düsseldorf**	[dyuseldorf]
Florence	**Firenze**	[firenze]
Frankfurt	**Frankfurt**	[frankfurt]
Geneva	**Jenewa**	[dʒ'enewa]
Hamburg	**Hamburg**	[hamburg]
Hanoi	**Hanoi**	[hanoi]
Havana	**Havana**	[havana]
Helsinki	**Helsinki**	[helsinki]
Hiroshima	**Hiroshima**	[hiroʃima]
Hong Kong	**Hong Kong**	[hoŋ koŋ]
Istanbul	**Istambul**	[istambul]
Jerusalem	**Yerusalem**	[erusalem]
Kolkata (Calcutta)	**Kolkata**	[kolkata]
Kuala Lumpur	**Kuala Lumpur**	[kuala lumpur]
Kyiv	**Kiev**	[kiev]
Lisbon	**Lisbon**	[lisbon]
London	**London**	[london]
Los Angeles	**Los Angeles**	[los enzheles]
Lyons	**Lyons**	[lion]
Madrid	**Madrid**	[madrid]
Marseille	**Marseille**	[marseille]
Mexico City	**Meksiko**	[meksiko]
Miami	**Miami**	[miami]
Montreal	**Montréal**	[montreal]
Moscow	**Moskow**	[moskow]
Mumbai (Bombay)	**Mumbai**	[mumbaj]
Munich	**Munich**	[munitʃ]
Nairobi	**Nairobi**	[najrobi]
Naples	**Napoli**	[napoli]
New York	**New York**	[nju yorʔ]
Nice	**Nice**	[nitʃe]
Oslo	**Oslo**	[oslo]
Ottawa	**Ottawa**	[ottawa]

Paris	**Paris**	[paris]
Prague	**Praha**	[praha]
Rio de Janeiro	**Rio de Janeiro**	[rio de dʒʲaneyro]
Rome	**Roma**	[roma]
Saint Petersburg	**Saint Petersburg**	[sajnt petersburg]
Seoul	**Seoul**	[seoul]
Shanghai	**Shanghai**	[ʃanhaj]
Singapore	**Singapura**	[siŋapura]
Stockholm	**Stockholm**	[stokholm]
Sydney	**Sydney**	[sidni]
Taipei	**Taipei**	[tajpey]
The Hague	**Den Hague**	[den hag]
Tokyo	**Tokyo**	[tokio]
Toronto	**Toronto**	[toronto]
Venice	**Venesia**	[venesia]
Vienna	**Wina**	[wina]
Warsaw	**Warsawa**	[warsawa]
Washington	**Washington**	[waʃiŋton]

www.ingramcontent.com/pod-product-compliance
Lightning Source LLC
Chambersburg PA
CBHW070550050426
42450CB00011B/2802